Klaus-Dieter Thill

Einweisermarketing für Krankenhäuser

Klaus-Dieter Thill

Einweisermarketing für Krankenhäuser

Niedergelassene Ärzte professionell gewinnen und binden

GABLER

Bibliografische Information der Deutschen Nationalbibliothek
Die Deutsche Nationalbibliothek verzeichnet diese Publikation in der
Deutschen Nationalbibliografie; detaillierte bibliografische Daten sind im Internet über
<http://dnb.d-nb.de> abrufbar.

2. Auflage 2010

Alle Rechte vorbehalten
© Gabler | GWV Fachverlage GmbH, Wiesbaden 2010

Lektorat: Guido Notthoff

Gabler ist Teil der Fachverlagsgruppe Springer Science+Business Media.
www.gabler.de

Umschlaggestaltung: KünkelLopka Medienentwicklung, Heidelberg
Druck und buchbinderische Verarbeitung: Ten Brink, Meppel
Gedruckt auf säurefreiem und chlorfrei gebleichtem Papier
Printed in the Netherlands

ISBN 978-3-8349-1584-9

Vorwort

Mit den Begriffen Einweiser- oder Zuweisermarketing wird eine professionell betriebene Etablierung und Steuerung von Kooperationsprozessen mit zuweisenden Ärzten bezeichnet. Für Krankenhäuser resultieren hieraus klare Vorteile:

- ■ effizientes Klinikmanagement durch eine kalkulierbare Auslastung,

- ■ gesteigerte Therapiequalität durch eine optimierte Vorbereitung der zugewiesenen Patienten,

- ■ geringe administrative Belastung durch etablierte Informationsroutinen,

- ■ Erhöhung der Arbeitsproduktivität.

Aber auch die zuweisenden Ärzte gehen nicht leer aus, denn

- ■ ihr Service für ihre Patienten wird besser, da die Qualität des Kooperationspartners einschätzbar ist;

- ■ sie werden aufgrund kurzer Entscheidungswege und funktionierender Informationsroutinen deutlich entlastet, und

- ■ sie können weiterführende therapeutische Entscheidungen durch die Zusammenarbeit wesentlich sicherer fällen.

Hinzu kommt: Die Qualität der durch die kooperierende Klinik erbrachten Versorgung fördert das Image der Zuweiser bei ihren Patienten. Sind diese mit der Behandlung im Krankenhaus zufrieden, rechnen sie dies zu einem großen Teil ihrem Arzt an, der sie dorthin überwiesen hat. Marketingarbeit für Einweiser schafft also – neben der professionellen Leistungserbringung – doppelte Zufriedenheit: im Verhältnis zum zuweisenden Arzt durch eine reibungslose Organisation und Information und im Verhältnis zum Patienten durch Aufklärung, Betreuung und Service.

Die Begriffe Ein- oder Zuweisermarketing werden in Fachartikeln, Büchern und Seminaren oft in Verbindung mit „Tipps und Tricks" behandelt. Diese Darstellung verdeckt jedoch das eigentliche Wesen des Einweisermarketings als ganzheitlichem Ansatz des Klinikmanagements, der auf die Bedürfnisse von zuweisenden niedergelassenen Ärzten ausgerichtet ist. Natürlich konkretisiert sich die Anwendung des Managementprinzips Marketing in Instrumenten, deren Gestaltung den erwähnten Tipps und Tricks folgt, doch ihre Umsetzung führt noch lange nicht zu den damit eigentlich beabsichtigten Erfolgen.

An erster Stelle steht die Marketinganalyse, auf die dieser Ratgeber intensiv eingeht. Weniger als ein Drittel der deutschen Kliniken erheben systematisch quantitative und qualitative Informationen über die ihnen zuweisenden Ärzte, um diese Datenbasis für eine professionelle Gestaltung der Zuweiserbeziehungen zu nutzen. Je detaillierter die Analyse umgesetzt wird, desto einfacher und treffender können Sie geeignete Marketinginstrumente auswählen und einsetzen. Da Einweisermarketing als Managementprinzip vor allem in einer Verhaltensänderung der Klinikmitarbeiter besteht, werden durch eine professionelle Marketinganalyse oftmals schon die entscheidenden Schritte identifiziert und eingeleitet. Diese tragen dazu bei, das Ziel der Marketingarbeit – mehr Erfolg durch eine gezielte Zuweiserbindung und -gewinnung – zu erreichen. Die Instrumente dienen dann der Manifestierung des Managementprinzips Marketing im Arbeitsalltag. Sie erhalten eine Vielzahl von Anregungen, die beispielhaft zeigen, wie Sie Marketinginstrumente entwickeln, gestalten und umsetzen können.

Auf die Erklärung theoretischer Marketinggrundlagen wird dabei zugunsten einer schnellen Anwendbarkeit der dargestellten Handlungsprinzipien verzichtet.

Dem Ratgeber vorangestellt ist ein Marketing-Selbsttest, mit dem Sie den Status quo Ihrer Marketingaktivitäten bestimmen können.

Düsseldorf, im Sommer 2009   Klaus-Dieter Thill

Inhaltsverzeichnis

Abbildungs- und Tabellenverzeichnis

Verzeichnis der Arbeitshilfen

1. Einweisermarketing als Handlungsbereich des Krankenhausmanagements

1.1 Einordnung in das Klinikmanagement

Auch wenn dieser Ratgeber praktisch ausgerichtet ist, kann ich Ihnen eine kurze definitorische Einleitung nicht ersparen. Landläufig werden mit dem Begriff Klinikmarketing als Bestandteil des Klinikmanagements vor allem jene Maßnahmen bezeichnet, die auf Patienten gerichtet sind. Die Marketingarbeit eines Krankenhauses oder einzelner Abteilungen bietet jedoch einen weit größeren Handlungsspielraum (siehe Abbildung1).

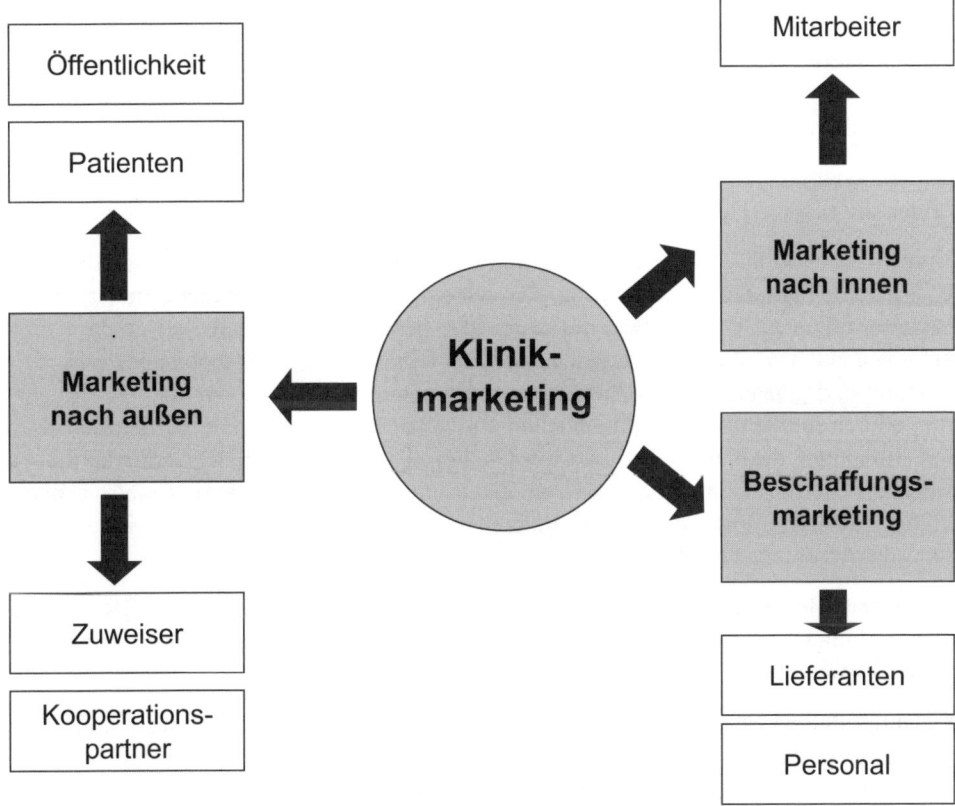

Abbildung 1: Die Aktionsbereiche des Klinikmarketings (SIEHE MS S. 9a)

Die Marketingarbeit richtet es sich auch an die Öffentlichkeit, also an die Zielgruppe der potenziellen Patienten. Das können zum einen Familienangehörige ehemaliger Patienten sein, aber auch Bekannte, Freunde und Arbeitskollegen. Hinzu kommen alle die Personen des Klinikeinzugsgebiets, für die ein Krankenhaus entsprechende Angebote bieten. Ein weiterer Hauptbereich, auf den die Marketingarbeit anwendbar ist, sind zuweisende Ärzte und sonstige Kooperationspartner, zum Beispiel Pflegedienste.

Der zweite große Bereich ist das Marketing nach innen: Im Blickpunkt stehen die Mitarbeiter, also Marketing gegenüber dem Personal. Dabei sind Führung, Fortbildung und Arbeitsbedingungen die Marketinginstrumente, die – richtig eingesetzt – zum einen sicherstellen, dass die Belegschaft zielgerichtet und engagiert Marketing nach außen betreibt. Das Marketing nach innen ist hierfür die Voraussetzung. Zum anderen aktiviert man mit einem sachgerechten Marketing nach innen die Belegschaft als positive Multiplikatoren für das Krankenhaus.

Das Beschaffungsmarketing bildet den dritten Aktionsbereich. Es wendet sich zum einen an die Lieferanten für Verbrauchs-, Hilfs- und Büromaterial, an die Unternehmen, die für die Wartung der Geräte Sorge tragen, und natürlich auch an die Vertreter von pharmazeutischen und medizintechnischen Anbietern. Die marketingorientierte Pflege dieser Beziehungen verhilft zu günstigen Einkaufskonditionen, prompter Hilfe bei Notfällen und bedarfsorientierten Serviceleistungen.

Zum anderen ist die Aufgabe des Beschaffungsmarketings die Personalbeschaffung: das Finden der richtigen Mitarbeiter sowie Auswahl geeigneter Fortbildungen.

Einweisermarketing – im Sinne des Marketings nach außen gegenüber zuweisenden Ärzten – ist eine Form der Klinikführung, die sich an den Anforderungen und Wünschen der Zuweiser orientiert. Es gilt Ärzte, mit denen man bereits zusammenarbeitet, an die Klinik zu binden und neue Zuweiser zu gewinnen. Das Klinikleistungsangebot ist bewusst, zielgerichtet und geplant mit den Zuweiseranforderungen in Übereinstimmung zu bringen, um dadurch die Klinikziele schneller und einfacher zu erreichen. Die Verhaltensweisen und Hilfsmittel, die hierzu eingesetzt werden, bezeichnet man als Einweisermarketinginstrumente. Die Bezeichnung umfasst zum einen immaterielle Aspekte (beispielsweise die Art der Zuweiseransprache) und zum anderen materielle Aspekte (beispielsweise eine Klinik- oder Abteilungsbroschüre).

Der gezielte Beziehungsaufbau mit zuweisenden niedergelassenen Ärzten und deren langfristige Bindung ist für Krankenhäuser aus einer Vielzahl von Gründen eine fast existenzielle Notwendigkeit:

■ Durch Pull-Maßnahmen (ohne Zuweiser) allein kann kein Krankenhaus – und sei es noch so gut – erfolgreich sein: Die Auslastung eines Krankenhauses ist somit nicht allein durch seine Existenz gesichert, sondern auch durch die Vermarktung einer hohen medizinischen und pflegerischen Dienstleistungsqualität. Zuweiser müssen allerdings von dieser Leistungsfähigkeit überzeugt sein.

- Niedergelassene Ärzte sind Vermittler und Lotsen „idealer" Patientenfälle und beeinflussen so die Leistungsstruktur und den wirtschaftlichen Erfolg von Kliniken.

- Das bedeutet auch: Nur mithilfe niedergelassener Ärzte lassen sich neue Marktpotenziale erschließen; der niedergelassene Arzt wird somit zum Vertriebspartner des Krankenhausangebots.

- Ein stabiles und steuerbares Zuweisernetzwerk sichert Wettbewerbsvorteile.

- Niedergelassene Ärzte sind Meinungsbildner für das Krankenhaus.

- Kommunikationsprobleme mit dem ambulanten Bereich sind Risiken, da sie die Gefahr überlanger Behandlungszeiten in sich tragen.

- Eine professionelle Zusammenarbeit, die alle ambulant-stationär erzielbaren Synergieeffekte nutzt sowie Doppel- und Mehrfachuntersuchungen ausschließt, bedarf einer engen Kooperation zwischen Klinik und Praxisinhabern.

- Projekte der integrierten Versorgung – sollen sie erfolgreich sein – verlangen eine optimierte Zusammenarbeit mit niedergelassenen Ärzten.

1.2 Die Notwendigkeit eines zuweiserorientierten Marketings

Dennoch nutzen nur die wenigsten Kliniken und Krankenhausabteilung diese Vorteile, indem sie die Beziehungen zu ihren niedergelassenen Partnern gezielt und regelmäßig pflegen. So erstaunt es nicht, dass viele niedergelassene Ärzte Kliniken in Bezug auf die Zusammenarbeit kritisch beurteilen. Kernschwächen der Zusammenarbeit werden vor allem in der mangelnden Abstimmung, in fehlenden persönlichen Kontakten und schlechtem Informationsfluss gesehen. Weitere Kritikpunkte bestehen in für die Arztpraxis unrealistischen Präparate-Vorgaben und in einer langen Wartezeit auf Termine und vor allem auf den Arztbrief, der überdies mit vielen – so die Ansicht der niedergelassenen Ärzte – praxisirrelevanten Informationen gefüllt ist.Systematisiert man die Kritik zuweisender Ärzte an Kliniken, ergeben sich folgende Kritikpunkte:

- Niedergelasse Ärzte fühlen sich vom Krankenhaus nur wenig verstanden. Sie bemängeln, dass die Probleme des Praxisalltags und die hieraus resultierenden Denk- und Handlungsweisen von den Partnern in der Klinik zu wenig berücksichtigt werden.

- Sie fühlen sich vom Krankenhaus in ihrer Fachkompetenz nicht ausreichend akzeptiert. Dies betrifft beispielsweise die Wiederholung von diagnostischen und Laboruntersuchungen im Krankenhaus.

■ Sie kritisieren, dass in den Kliniken das Eingehen auf und die Information von Patienten Mängel aufweist. Negative Erlebnisse der von ihnen eingewiesenen Patienten werden von diesen nach Entlassung häufig dem einweisenden Arzt „angelastet".

■ Sie besitzen zu wenig Informationen über die Krankenhäuser, vor allem in Hinblick auf das Leistungsspektrum, die generellen diagnostischen und therapeutischen Möglichkeiten, und sie haben zu wenig persönliche Kontakte mit Ansprechpartner im Krankenhaus.

Fragt man Klinikärzte, welche Faktoren für sie bei der Zusammenarbeit mit niedergelassenen Ärzten wichtig sind und wie zufrieden sie mit der Realisierung dieser Faktoren in der Zusammenarbeit sind, so werden die oftmals fehlende Angaben zu den Voruntersuchungen der Patienten bemängelt, aber auch eine unvollständige, teilweise auch falsche Vorinformation der Patienten über den Krankenhausaufenthalt oder ungenaue Indikationsstellungen.

Einweisermarketing muss somit auf die Umsetzung folgender Inhalte gerichtet sein

Information

Niedergelassene Ärzte möchten Krankenhäuser, in die sie einweisen, gerne näher kennenlernen. Hierzu gehören Informationen über

■ das Leistungsangebot des Krankenhauses und seiner Abteilungen;

■ die räumliche, apparative und personelle Ausstattung sowie Ablaufroutinen von der Einweisung bis zur Entlassung, aber auch

■ den zukünftigen „Kurs" des einzelnen Hauses: Welche Angebots- und Entwicklungsstrategie wird die einzelne Klinik einschlagen und was kann dies für den Arzt als Nachfrager von Leistungen bedeuten?

Kooperation

Wichtig ist es zudem, dass es klare Regelungen mit der Klinik zur Durchführung der je Krankheitsbild einzuleitenden, patientenbezogenen Leistungen gibt:

Orientierungshilfen

Hilfreich sind Ablaufpläne, die nach Krankheitsbildern differenziert alle patientenbezogenen Anlaufstationen und Verrichtungen aufzeigen; nur so wird es erst möglich, dem Patienten klare Auskünfte über Maßnahmen in der Klinik zu geben.

Ansprechpartner

Durch die Bereitstellung ihnen persönlich bekannter Ansprechpartner soll die Anonymität des Krankenhauses aufgehoben werden; aus Sicht der befragten Ärzte gibt es hier häufig Defizite in der Zusammenarbeit mit Kliniken: der Patient wird in eine „Black Box" überwiesen.

Feedback

Ferner ist es ein Anliegen niedergelassener Ärzte, bei Bedarf schnell und unkompliziert ein Feedback während des Aufenthaltes des Patienten bzw. bei der Entlassung zu erhalten. Da es für niedergelassene Ärzte immer wichtiger wird, ihre Patienten umfassend und kontinuierlich zu betreuen, sind Feedback-Mechanismen sowie persönliche Kontakte ein Ansatzpunkt für ein gezieltes Kundenzufriedenheits-Management.

1.3 Barrieren für ein professionelles Einweisermarketing

Die Planung und Umsetzung von Kooperationskonzepten für niedergelassene Zuweiser scheitern vielfach an klinikinternen Barrieren:

■ *Einweisermarketing benötigt umfangreiches Fachwissen*!

Einweisermarketing ist ein pragmatisches Managementprinzip. Für seinen Einsatz benötigt man natürlich ein bestimmtes Basiswissen (das in diesem Buch vermittelt wird), im Kern geht es jedoch um die möglichst umfassende Berücksichtigung einfacher Reiz-Reaktions-Zusammenhänge, die auf den Regeln des Kundenmanagements basieren: die schnelle Terminvergabe, der rechtzeitige Arztbrief, die in Einklang mit anderen Faktoren – zum Beispiel der Freundlichkeit des Personals – eine positive Atmosphäre schaffen. Oder die freundliche Stimme einer Mitarbeiterin bei der telefonischen Beantwortung einer Rückfrage, die das Gefühl der individuellen und guten Betreuung vermittelt. Einweisermarketing ist also keine Wissenschaft – auch wenn es auf einer wissenschaftlichen Basis gründet –, sondern die konsequente Umsetzung bekannter, auf Dritte positiv wirkender Kommunikationsformen.

■ *Für Einweisermarketing muss man ein besonderes Talent besitzen.*

Es geht in erster Linie um die Veränderung des eigenen (Kommunikations-)Verhaltens; hierzu bedarf es keines besonders Talentes, sondern nur die entsprechende Bereitschaft. Was das konkret bedeutet, verdeutlichen die folgenden *Beispiele*. Ein nicht marketingorientierter Chefarzt wird sich – geht es zum Beispiel um die Information niedergelassener Ärzte über eine Diagnosemöglichkeit – die Frage stellen, wie er das am kostengünstigsten machen kann, zum Beispiel mithilfe eines Zeitungsberichtes.

Diese Frage ist legitim und betriebswirtschaftlich sinnvoll. Der marketingaktive Arzt wird diese Frage jedoch umformulieren: Welche Informationsmöglichkeit verursacht die wenigsten Kosten bei gleichzeitiger Erfüllung der Bedürfnisse der Zuweiser? Dies kann beispielsweise ein Zeitungsbericht plus Organisation eines Tages der offenen Tür für zuweisende Ärzte sein. Das Beispiel verdeutlicht, wie sich durch die erweiterte Sichtweise des Marketings auch der Bedingungsrahmen anderer Bereiche – hier die Einbindung von Mitarbeitern – verändert.

Die Modifikation des eigenen Kommunikationsverhaltens – verbal und nonverbal – zeigt sich meist nicht in grundlegenden Veränderungen, sondern setzt sich aus einer Vielzahl kleiner Faktoren zusammen, die – alle zusammengenommen – den Klinikalltag dennoch verändern. Zu diesen kleinen Faktoren gehört beispielsweise, dass Mitarbeiterinnen bei einem nicht zu erfüllenden Wunschtermin eines zuweisenden Arztes nicht kategorisch sagen „Das geht nicht!", sondern die Unmöglichkeit einfach netter verpacken, etwa so: *„An diesem Tag sind wir leider schon vollkommen ausgebucht, ich kann Ihnen aber den ... anbieten"*.

■ *Einweisermarketing ist teuer und erhöht die Kosten*!

Das genannte Beispiel könnte dieses Gegenargument auf den ersten Blick untermauern: Je umfangreicher der Anforderungskatalog für die zuweisergerechte Information ist, desto höher werden die Kosten sein. Aber bei der Erfolgsbeurteilung der Einweisermarketingarbeit kommt es ja nicht allein auf die Kosten, sondern auch auf das Ergebnis an. Was kann die bessere, zuweiserorientierte Information bewirken? Die kooperierenden Ärzte werden sich besser informiert fühlen, der persönliche Kontakt bietet die Möglichkeit, auch über andere Aspekte der Zusammenarbeit zu sprechen. Das Resultat der marketingbasierten Investition ist eine engere Anbindung und eine höhere Zufriedenheit. In diesem Fall rechnet sich die etwas teurere Information nicht sofort in finanzieller Hinsicht, sondern zunächst in einer intensivierten Beziehung. Über diesen Mechanismus gelangt man dann aber direkt zur Einnahmeseite der Klinikarbeit: Die Zuweisungsintensität wird gefestigt, vielleicht sogar erhöht, und die gute Kooperation spricht sich herum, was wiederum die Positionierung des Krankenhauses in seinem Einzugsgebiet festigt und das Interesse neuer Ärzte an einer Zusammenarbeit weckt.

■ *Zuweiser wollen keine Reklame.*

Unter Reklame versteht man eine Form des Massenmarketings, bei der Werbematerial und -informationen den Empfängern meist unaufgefordert zugestellt bzw. vermittelt wird. Einweisermarketing hat nichts mit Reklame gemein. Sein Ziel ist die Herstellung einer passenden Kommunikationsbasis zwischen Klinikteam und einweisenden Ärzten. Ihre Ausrichtung und Gestaltung muss sich dabei an den veränderten Anforderungen der Zuweiser an die Leistungsqualität einer Klinik orientieren. Neben den Grundanforderungen nach umfassender und kompetenter medizinischer Hilfe hat sich inzwischen ein Zusatzbedarf nach Information und Kooperation entwickelt. Wird ein Krankenhaus marketingorientiert geführt, drängt es sich also nicht auf – wie es Reklame tut –, sondern wird grundlegenden Anforderungen gerecht.

■ *Einweisermarketing ist zeitaufwändig*!

Gegner des Einweisermarketings lehnen eine Umsetzung häufig aus Zeitgründen ab. Sie sehen Marketing als eine Zusatzarbeit und damit als weitere Belastung, die in ihrem ohnehin überfüllten Arbeitstag keinen Platz hat. Doch das Argument greift nur partiell. Natürlich sind die Entwicklung und Einführung eines Einweisermarketingkonzeptes mit einem gewissen Zeitaufwand verbunden, nicht aber deren Umsetzung, denn es handelt sich – wie bereits angeführt – in der Hauptsache um eine Verhaltensänderung, die sogar eine deutliche Arbeitsentlastung mit sich bringen kann. Der vermeintliche Zeitaufwand verkehrt sich mit dem marketingorientiertem Klinikmanagement in sein Gegenteil.

■ *Einweisermarketing ist gar nicht erlaubt*!

Nach den grundsätzlichen gesetzlichen Bestimmungen – Musterberufsordnung (MBO), Heilmittelwerbegesetz (HWG), Gesetz über den unlauteren Wettbewerb (UWG) – sind grundsätzlich alle Marketingmaßnahmen verboten,

– die anpreisend und/oder
– fehlinformierend sind und
– die einem Krankenhaus auf Kosten anderer Kliniken einen Vorteil verschaffen.

Erlaubt ist somit all das, was der sachlichen und korrekten Information der Zuweiser über die Klinik bzw. die Klinikabteilung und ihr Leistungsangebot dient.

1.4   Einweisermarketing – die Voraussetzungen

Knapp ein Drittel der deutschen Krankenhäuser betreibt ein professionelles Einweisermarketing. Diese Häuser – so zeigt die Erfahrung immer wieder – sind deutlich erfolgreicher als Kliniken, die die Zusammenarbeit mit einweisenden Ärzten dem Zufall überlassen. Doch worauf beruhen diese Unterschiede, und wie kann vor allem das in den Kliniken ohne Marketing brachliegende Erfolgspotenzial aktiviert werden?

Eine erste Antwort erhält man, wenn man gegenüberstellt, warum häufig niedergelassene Spezialisten dem Krankenhaus vorgezogen werden:

Marketingaktive Kliniken und Klinikabteilungen verstehen unter Einweisermarketing ein Arbeitskonzept, das alle Bereiche der Krankenhausarbeit – von der Kommunikation über Organisation und Führung bis zur Patientenbetreuung – umfasst. In nicht marketingaktiven Krankenhäusern beschränkt sich das Marketing für einweisende Ärzte auf singuläre und aktionistisch angelegte Angebote wie eine Zuweiserbroschüre oder unregelmäßig stattfindende Fortbildungsveranstaltungen. Doch was hilft der positive Effekt einer Zuweiserbroschüre, wenn andere Marketingparameter, zum Beispiel die Freundlichkeit der Mitarbeiter oder die Schnelligkeit der Verfügbarkeit eines Entlassungsbriefes, ihm entgegenwirken, ja, ihn vielleicht sogar zunichte machen? Erst wenn alle Maßnahmen wie

Zahnräder ineinandergreifen, entsteht der Erfolgsfaktor des Marketings, die sogenannte Synergie. Sie beschreibt einen Zustand, bei dem aus der systematischen Kombination von Marketinginstrumenten durch das Zusammenwirken der Effekte die Wirkung jedes einzelnen Instrumentes besser ist als bei einer isolierten Verwendung. Hierzu ist es notwendig, aus den unternehmerischen Klinikzielen Einweisermarketingziele und eine Marketingstrategie zu entwickeln. Die Strategie umfasst unter anderem eine eindeutige Klinikpositionierung (Identität des Krankenhauses mit den hervorstechenden, zu Mitanbietern abgrenzenden Leistungsmerkmalen) und ein Zielgruppenkonzept. Über ein Kontrollsystem müssen regelmäßig der Zielerreichungsgrad der Marketingarbeit überprüft und die Strategie kontinuierlich angepasst werden.

Zudem existieren Marketingpläne, die den Einsatz der Instrumente und Maßnahmen für den Zeitraum eines Jahres detailliert konkretisieren. Sie stellen sicher, dass die Vorgaben der Strategie konkret umgesetzt werden, da neben der Frage, was zu erreichen ist, auch das „Wie" ausgearbeitet ist.

Marketingaktive Krankenhäuser arbeiten im Bewusstsein, dass das Einweisermarketing ein markt- und zuweiserorientiertes Managementkonzept ist, dessen Erfolg von einer möglichst hohen Marktnähe abhängt. Das in diesem Zusammenhang wichtigste Instrument ist die Einweiserzufriedenheitsbefragung. Sie ermöglicht, qualitative Informationen über Wünsche und Anforderungen der Zuweiser und vor allem zum „Fremdbild" der kooperierenden Ärzte über die Leistungskomponenten von Kliniken detailliert zu ermitteln. In marketingpassiven Krankenhäusern wird überwiegend mit Vermutungen und Schätzungen gearbeitet. Der Einsatz von zuweiserbezogenen Maßnahmen orientiert sich folglich nicht an dem, was notwendig und vor allem wirkungsvoll wäre, sondern an den eigenen Ansichten darüber, was am besten passen könnte. Das Problem liegt hierbei darin, dass das Eigenbild – die eigenen Ansichten – vom Fremdbild – den Zuweiseranforderungen – oft deutlich abweicht. Tendenziell überschätzen Klinikmitarbeiter die Wirkung ihrer Arbeit auf die Zuweiser. Die Folge: Defizite werden – da sie gar nicht erkannt werden – auch nicht beseitigt, und Wünsche oder Anregungen finden keine besondere Beachtung. Solches „Marketing" ist also überhaupt nicht oder nur sehr eingegrenzt erfolgreich.

„Im Übrigen haben wir für Marketing keine Zeit!", „Wann sollen wir das alles denn noch machen?" Viele Begleitkommentare in Klinikberatungen zeigen, dass in marketingpassiven Krankenhäusern Mitarbeiter die Marketingarbeit als Zusatzbelastung ansehen, für die man keine Zeit hat. Doch die „Dienstleistung Krankenhaus" ist personendominiert, also praktiziert jeder Mitarbeiter durch seine tägliche Arbeit aktives Marketing. Auftreten, Kommunikation und Verhalten wirken auch als Marketinginstrumente, die durch nicht persönliche Hilfsmittel, wie zum Beispiel Broschüren, ergänzt werden. Dies zeigt, dass Einweisermarketing keine Zusatzbelastung sein kann. An dieser Stelle wird das eigentliche Erfolgsrezept marketingaktiver Kliniken deutlich: eine veränderte Denk- und Verhaltensweise des gesamten Teams. Eben hieran scheitert in vielen Häusern aber die Umsetzung, denn lieb gewonnene Verhaltensweisen müssen aufgegeben, eingefahrene Routinen verlassen werden. Das erfordert natürlich initial bei der Einführung eines Marketingkonzeptes einen hohen Veränderungsaufwand, der nur bewältigt werden kann, wenn ein entsprechendes Innovationsklima herrscht. Da dieser Aspekt unter anderem für Aufbau und Umsetzung eines erfolgreichen Einweisermarketings von großer Bedeutung ist, möchte ich auf diesen Punkt etwas ausführlicher eingehen. Untersucht man die Arbeit überdurchschnittlich erfolgreicher Krankenhäuser, so ist dieser Innovationsgeist ein zentraler Bestandteil des Erfolgsrezeptes. Ansonsten sind echte Innovationsprozesse im Krankenhausbereich leider nur selten zu finden. Vielmehr stößt man auf gescheiterte Organisationsumstrukturierungen, auf halbherzig am Leben gehaltene Qualitätsmanagementprojekte oder engagierte Veränderungsinitiativen Einzelner, die jedoch keinen Ausstrahlungseffekt über einzelne Arbeitsbereiche hinaus haben.

Was ist der Grund für diese Innovationsunwillig- oder gar -unfähigkeit? Ein geeigneter Ansatz zur Beantwortung dieser Frage ergibt sich, wenn man die Analyseergebnisse von Krankenhäusern, in denen Innovationsprozesse erfolgreich umgesetzt wurden, mit solchen vergleicht, in denen diese zwar begonnen, aber nicht zu Ende geführt wurden. Wertet man die Aussagen der Beteiligten nach den Gründen des Scheiterns oder der Stagnation aus, werden immer wieder drei Punkte angeführt:

- Das Projekt sei falsch eingeführt worden (zum Beispiel wurden wichtige Entscheidungsträger nicht in die Projektinitiierungsphase einbezogen).

- Es hätte kein Projektbewusstsein geschaffen werden können (zum Beispiel hätte die Informationspolitik im Sinne einer hausinternen Projekt-PR nicht funktioniert).

- Das Projektmanagement habe versagt (zum Beispiel weil Managementfähigkeiten und Durchsetzungsvermögen der Projektinitiatoren fehlen).

Der einzige und entscheidende Grund liegt jedoch – führt man das oben genannte Benchmarking durch – in der unangemessenen Führungskultur der Häuser. Führungskultur bezeichnet das Vorhandensein klinikübergreifender Werte für die Zusammenarbeit und eines daraus abgeleiteten Führungsstils. Stimmt diese Führungskultur nicht, das heißt, es existieren keine im Alltag wirksamen Werte und der Führungsstil ist autokratisch angelegt, dann werden drei zentrale, innovationshemmende Prozesse in Gang gesetzt: Erstens beeinflusst die Führungskultur unmittelbar das soziale Klima. Ist sie so beschaffen, dass das soziale Klima hauptsächlich durch Abschottungstendenzen und Konfrontation zwischen Fachbereichen und Mitarbeitern geprägt ist, sind alle Beteiligten gezwungen, ihre normalerweise zur Aufgabenerfüllung einzusetzende Energie zu erhöhen. Diese Steigerung kommt jedoch nicht dem Tagesgeschäft und schon gar nicht den Innovationsprozessen zugute, sondern wird für konfrontationsbedingte Abwehr, Angstbewältigung oder destruktive Handlungen verwendet. Ermöglicht die Kultur jedoch ein Klima der Zusammenarbeit, sinkt durch die hierdurch entstehenden Synergieprozesse die für Routinearbeiten benötigte Arbeitsenergie und kann produktiv und kreativ eingesetzt werden: Es entsteht ein Innovationspotenzial.

Zweitens verursacht eine ungeeignete Führungskultur das sogenannte Kompetenz-Umkehrphänomen. Es bezeichnet eine Situation, in der sehr gute oder überragende Fähigkeiten einzelner Mitarbeiter nicht zu deren Belohnung oder Beförderung führen, sondern genau zum Gegenteil. Ursache ist die vor allem in autoritär ausgerichteten Führungssystemen verbreitete Angst der Führenden, durch ein Zuviel an Kompetenz auf Seiten der Mitarbeiter selbst Macht zu verlieren. Aus diesem Grund sitzen nicht die „richtigen" Mitarbeiter an Schlüsselstellen sitzen, sondern opportune: Es fehlt zum großen Teil das Sach-Know-how zur Umsetzung von Innovationsprozessen.

Drittens wird durch das Führungsklima und die aus ihm entstehenden beiden vorgenannten Punkte auch die Innovationsgeschwindigkeit bestimmt. Je mehr das soziale Klima in Richtung Konfrontation tendiert und je schlechter die Qualifikation der Entscheider für die Umsetzung von Innovationsprozessen ist, desto langsamer kommen die Prozesse voran. Mit der Dauer eines Projektes sinkt direkt proportional auch das Interesse und Engagement der Beteiligten, vor allem, wenn man erkennt, dass insgesamt gesehen die erzielten Fortschritte nur gering sind. So ergibt sich eine Trias der Innovationshemmung:

- Ein negatives soziales Klima beeinflusst die für Innovationsprozesse zur Verfügung stehende Arbeitsenergie.

- Die Kompetenzumkehr senkt das Qualifikationsniveau der Innovationsverantwortlichen.

- Eine schleppende Umsetzungsgeschwindigkeit senkt Motivation und Engagement.

Innovationserfolgreiche Häuser sind immer durch eine partizipativ orientierte Führungskultur gekennzeichnet, die diese Trias vermeidet. Setzt man zudem das insgesamt verfügbare Leistungspotenzial zum tatsächlich genutzten in Relation – zum Beispiel auf der Grundlage von Verrichtungszeitanalysen und Aufgabenbeschreibungen – und vergleicht das hierdurch entstehende Verhältnis der innovationsfreudigen Häuser mit denen, deren Projekte gescheitert sind, so wird deutlich, dass in letztgenannten Kliniken bis zu 40 Prozent ihrer Leistungspotenzialreserven brachliegen.

In weniger marketingaktiven Kliniken ist Marketing Chefsache. Eine leitende Person (Geschäftsführer, Chefarzt, Verwaltungsleiter etc.) denkt sich Marketingaktionen aus, entwickelt die zugehörigen Instrumente und übergibt sie – kurz erklärt – den Mitarbeitern. Doch die sind sich über die Möglichkeiten und vielleicht auch den Einsatzrahmen nicht genau im Klaren und können sich aus diesem Grund – was leider sehr häufig ist – mit den Instrumenten auch nicht identifizieren oder lehnen sie ab. So verwundert es nicht, dass zum Beispiel Patientenbefragungen aufgrund einer zu hohen Verweigerungsquote abgebrochen werden müssen, die eigentliche Ursache liegt in der ablehnenden Haltung des Personals begründet. Die Marketingaktiven gehen einen anderen Weg: Sie entwickeln alle Schritte der Marketingarbeit gemeinsam mit ihren Mitarbeitern. Dieses Vorgehen steigert nicht nur die Motivation, sondern nutzt auch das Marketingpotenzial der Mitarbeiter, die selbst wiederum Ideen in die Arbeit einbringen.

Um die Vorteile, die ein gezieltes Einweisermarketing bietet, auch nutzen zu können, müssen die Zuweiserbeziehungen bestimmte spezifische Merkmale aufweisen:

■ Sie müssen auf lange Sicht angelegt sein, da es zunächst einiger Zeit bedarf, bis ein gegenseitiges Vertrauen aufgebaut ist und Kooperationsroutinen eingerichtet sind. Als Faustregel gilt, dass die Kosten für die Gewinnung eines neuen Zuweisers dem Aufwand der Pflege von zehn bestehenden Zuweisungspartnern entsprechen. Hinzu kommt, dass sich erst im Zeitablauf ein Zusammenspiel entwickelt, das es ermöglicht, die gemeinsamen Aktivitäten synergistisch, d.h. sich wirkungsvoll ergänzend zu gestalten.

■ Produktive Zuweisungsbeziehungen werden durch den Willen und die Überzeugung getragen, eine für alle Beteiligten sinnvolle Zusammenarbeit zu realisieren. Besonders zu Beginn ist es deshalb unerlässlich, dass Sie Ihren potenziellen Partnern die Ernsthaftigkeit Ihres Vorhabens verdeutlichen.

■ Eine Zusammenarbeit basiert auf gegenseitigem Vertrauen und vor allem auf der Akzeptanz der Handlungsweisen der Partner. Vorbehalte oder polarisierende Auffassungsunterschiede behindern eine erfolgreiche Zusammenarbeit.

■ Erfolgreiche Zuweiserkooperationen beruhen auf kontinuierlicher gegenseitiger Kommunikation. Die Klinik muss dabei informieren, welche diagnostischen/therapeutischen Schritte mit welchem Ziel und Ergebnis eingeleitet und umgesetzt werden, der Zuweiser muss alle notwendigen Vorinformationen liefern.

■ Darüber hinaus ist zwischen den Partnern abzustimmen, welche – im Sinne einer Aufgabenverteilung bzw. -abgrenzung – diagnostischen und therapeutischen Leistungen im Einzelfall von wem zu erbringen sind.

■ Zuweiserkooperationen sind umso stabiler, je besser man sich persönlich kennt. Persönliches Kennen und gute telefonische Erreichbarkeit garantieren eine beiderseits motivierende Zusammenarbeit. Für die Klinik bietet dieser Weg darüber hinaus die Möglichkeit, etwas über die Wünsche ihrer Zuweiser zu erfahren und ihre Bereitschaft zur Zusammenarbeit und Kollegialität zu verdeutlichen.

■ Zusammenfassend kann also festgehalten werden: Einweisermarketing ist

■ eine spezielle Form des Klinikmanagements, die sich an den Anforderungen und Wünschen der Zuweiser orientiert, um so bisherige Kooperationspartner zu binden und neue Zuweiser zu gewinnen;

■ eine Reaktion auf existierende Zuweiserwünsche, kein unerwünschtes Aufdrängen;

■ eine möglichst umfassende Berücksichtigung von Reiz-Reaktions-Zusammenhängen der Kundenorientierung;

■ keine Frage des Talents oder des Geldmitteleinsatzes, sondern der Bereitschaft, die eigene Sicht der Dinge und natürlich auch das eigene (Kommunikations-)Verhalten zu verändern.

Einweisermarketing weist zudem – in Abgrenzung zur Marketingarbeit für andere Zielgruppen des Krankenhauses – die Besonderheit auf, dass man mit wenigen Instrumenten erfolgreich ist. Voraussetzung ist allerdings, dass eine sorgfältige quantitative und qualitative Analyse der Zielgruppe Einweiser erfolgt.

2. Der Einweisermarketing-Check: Testen Sie Ihr Marketingpotenzial!

Mithilfe des folgenden Selbsttests können Sie bestimmen, wie ausgeprägt Ihre Marketingarbeit für zuweisende Ärzte ist. Die im Test verwendeten Aussagen spiegeln die Gegebenheiten in Krankenhäusern wider, die aktiv Einweisermarketing betreiben und zu denen Sie einen Benchmarkvergleich durchführen. Folgen Sie zur Durchführung den Angaben in den einzelnen Kapiteln. Sie können den Test auch als Möglichkeit nutzen, selektiv auf die Abschnitte dieses Ratgebers zurückzugreifen, in denen Sie unterdurchschnittlich abgeschnitten haben.

2.1 Durchführung des Selbsttests

A. Planung

Schritt 1:
Gehen Sie die folgenden Aussagen nacheinander durch und kreuzen Sie je Aussage denjenigen Buchstaben an, der am ehesten Ihre Kliniksituation beschreibt:

A = Trifft auf unsere Klinik voll und ganz zu.

B = Trifft auf unsere Klinik mit einigen Abstrichen zu.

C = Trifft auf unsere Klinik eher nicht zu.

D = Trifft auf unsere Klinik überhaupt nicht zu.

	A	B	C	D
Im Rahmen einer Zuweiser-Strategie sind folgende Ziele für die Kooperation mit niedergelassenen Ärzten definiert:				
Definition konkreter Größen für die Zuweisungsintensität	☐	☐	☐	☐
Definition der präferiert zugewiesenen Patiententypen/Krankheitsbilder	☐	☐	☐	☐
Definition von Messgrößen für die Kooperationsqualität	☐	☐	☐	☐
Im Rahmen eines Zuweiser-Konzeptes ist festgelegt				
■ mit welchen Maßnahmen die zuweisenden Ärzte bearbeitet werden sollen	☐	☐	☐	☐
■ wer für die Vorbereitungen verantwortlich ist	☐	☐	☐	☐
■ wie die Maßnahmen über den Zeitablauf verteilt sind	☐	☐	☐	☐

■ Es existiert ein Budget, aus dem die Zuweiser-Maßnahmen
   finanziert werden.   ▢ ▢ ▢ ▢

■ Es existiert eine klare Positionierung.   ▢ ▢ ▢ ▢

Gesamtpunktzahl A: _____

Schritt 2:

Vergeben Sie für die von Ihnen angekreuzten Aussagen nach folgendem Schema Punkte:

A = 3 Punkte

B = 2 Punkte

C = 1 Punkt

D = 0 Punkte

und schreiben Sie die sich je Aussage ergebende Punktzahl an den rechten Rand.

Schritt 3:

Addieren Sie die einzelnen Punktwerte und tragen Sie das Resultat in das Feld „Gesamt-punktzahl A" ein.

Schritt 4:

Übertragen Sie zum Schluss diesen Wert in die entsprechende Position der Einweisermar-keting-Check-Auswertungsmatrix im Unterkapitel 2.2. Spalte 1 „Erreichte Punktzahl".

B. Analyse

Gehen Sie die folgenden Aussagen nacheinander durch und kreuzen Sie je Aussage denjenigen Buchstaben an, der am ehesten Ihre Kliniksituation beschreibt:

A = Trifft auf unsere Klinik voll und ganz zu.

B = Trifft auf unsere Klinik mit einigen Abstrichen zu.

C = Trifft auf unsere Klinik eher nicht zu.

D = Trifft auf unsere Klinik überhaupt nicht zu.

	A	B	C	D
Folgende Untersuchungen werden regelmäßig durchgeführt:				
▪ Markt- und Wettbewerbsanalyse für die Klinik/Abteilun	☐	☐	☐	☐
▪ Stärken-Schwächen-Analyse (SWOT-Analyse) in Bezug auf die Zusammenarbeit mit niedergelassenen Ärzten	☐	☐	☐	☐
▪ Anforderungen der zuweisenden Ärzte an die Klinik-/Abteilungsarbeit	☐	☐	☐	☐
▪ Zufriedenheit der Zuweiser mit der Klinik-/Abteilungsarbeit	☐	☐	☐	☐
▪ Zufriedenheitsbefragungen bei Patienten von zuweisenden niedergelassenen Ärzten	☐	☐	☐	☐

Folgende Informationen über zuweisende niedergelassene Ärzte stehen abrufbar zur Verfügung

	A	B	C	D
▪ Stammdaten der Praxen				
Adresse, Telefon, Telefax	☐	☐	☐	☐
E-Mail-Adresse	☐	☐	☐	☐
Sprechzeiten	☐	☐	☐	☐
Namen der in der Praxis tätigen Ärzte	☐	☐	☐	☐
Profildaten				
Praxisgröße	☐	☐	☐	☐
Fachrichtung	☐	☐	☐	☐
Behandlungs-/Leistungsschwerpunkte	☐	☐	☐	☐
Zusatzangebote	☐	☐	☐	☐
Praxisausstattung (Geräte)	☐	☐	☐	☐
Medizinische Interessen des Arztes / der Ärzte	☐	☐	☐	☐

Kontaktdaten

Häufigkeit der Einweisungen / Zeiteinheit   ☐ ☐ ☐ ☐

Verlauf der Einweisungen über die Zeit   ☐ ☐ ☐ ☐

Krankheitsbilder der Einweisungen   ☐ ☐ ☐ ☐

Kontakthistorie (Teilnahme an Fortbildungen des Hauses etc.)   ☐ ☐ ☐ ☐

Es existiert eine A-B-C-Klassifizierung der Zuweiser.   ☐ ☐ ☐ ☐

Die Zuweisungsintensität wird in regelmäßigen Abständen kontrolliert. ☐ ☐ ☐ ☐

Die regionale Herkunft und Verteilung der Zuweiser ist bekannt
(„Zuweiser-Mapping")   ☐ ☐ ☐ ☐

Die potenziellen Zuweiser sind zumindest mit ihren Stammdaten
bekannt und elektronisch abrufbar.   ☐ ☐ ☐ ☐

Gesamtpunktzahl B: _____

Schritt 2:

Vergeben Sie für die von Ihnen angekreuzten Aussagen nach folgendem Schema Punkte:

A = 3 Punkte

B = 2 Punkte

C = 1 Punkt

D = 0 Punkte

und schreiben Sie die sich je Aussage ergebende Punktzahl an den rechten Rand.

Schritt 3:

Addieren Sie die einzelnen Punktwerte und tragen Sie das Resultat in das Feld „Gesamtpunktzahl B" ein.

Schritt 4:

Übertragen Sie zum Schluss diesen Wert in die entsprechende Position der Einweisermarketing-Check–Auswertungsmatrix im Unterkapitel 2.2. Spalte 1 „Erreichte Punktzahl".

C. Organisation

Gehen Sie die folgenden Aussagen nacheinander durch und kreuzen Sie je Aussage denjenigen Buchstaben an, der am ehesten Ihre Kliniksituation beschreibt:

A = Trifft auf unsere Klinik voll und ganz zu.

B = Trifft auf unsere Klinik mit einigen Abstrichen zu.

C = Trifft auf unsere Klinik eher nicht zu.

D = Trifft auf unsere Klinik überhaupt nicht zu.

	A	B	C	D
Zuweisenden Ärzten stellen wir im Hinblick auf eine bestmögliche Organisation folgendeUnterstützungsleistungen zur Verfügung:				
Checklisten für die Zuweisung von Patienten	☐	☐	☐	☐
Verzeichnis mit den Namen und Funktionen der relevanten Ansprechpartner und deren Durchwahlnummern	☐	☐	☐	☐
Organisationsbögen für Patienten mit der Beschreibung des Anmelde- und Aufnahmeprozederes	☐	☐	☐	☐
Formulare für Terminanfragen	☐	☐	☐	☐
Es existieren eindeutige Regeln für				
■ die Schnelligkeit von Rückrufen	☐	☐	☐	☐
■ den raschen Versand von Arztbriefen	☐	☐	☐	☐
■ die Kontaktaufnahmen bei Komplikationen	☐	☐	☐	☐
■ Es gibt eine Stelle „Praxisbetreuung" mit einem zentralen, jederzeit erreichbaren Ansprechpartner für niedergelassene Ärzte.	☐	☐	☐	☐
■ Der inhaltliche Aufbau der Arztbriefe wurde in Absprache mit Zuweisern erarbeitet.	☐	☐	☐	☐
■ Die Arbeitszeiten in den Chefarztsekretariaten sind so geregelt, dass eine Erreichbarkeit bis 17.30 Uhr gesichert ist.	☐	☐	☐	☐
■ Viele Informationen werden elektronisch ausgetauscht, z. B. per E-Mail.	☐	☐	☐	☐
■ Wir verfügen über ein Internet-Zuweiser-Portal.	☐	☐	☐	☐

Gesamtpunktzahl C: _____

Schritt 2:

Vergeben Sie für die von Ihnen angekreuzten Aussagen nach folgendem Schema Punkte:

A = 3 Punkte

B = 2 Punkte

C = 1 Punkt

D = 0 Punkte

und schreiben Sie die sich je Aussage ergebende Punktzahl an den rechten Rand.

Schritt 3:

Addieren Sie die einzelnen Punktwerte und tragen Sie das Resultat in das Feld „Gesamtpunktzahl C" ein.

Schritt 4:

Übertragen Sie zum Schluss diesen Wert in die entsprechende Position der Einweisermarketing-Check-Auswertungsmatrix in Unterkapitel 2.2. Spalte 1 „Erreichte Punktzahl".

D. Kommunikation

Gehen Sie die folgenden Aussagen nacheinander durch und kreuzen Sie je Aussage denjenigen Buchstaben an, der am ehesten Ihre Kliniksituation beschreibt:

A = Trifft auf unsere Klinik voll und ganz zu.

B = Trifft auf unsere Klinik mit einigen Abstrichen zu.

C = Trifft auf unsere Klinik eher nicht zu.

D = Trifft auf unsere Klinik überhaupt nicht zu.

                                                                              A B C D

Unsere Kommunikation mit niedergelassenen Ärzten wird durch folgende Instrumente unterstützt

Klinikbroschüre   ☐ ☐ ☐ ☐

Abteilungsbroschüre   ☐ ☐ ☐ ☐

Ordner mit ausführlichen Informationen über die Klinik/Abteilung und
die Behandlungsmöglichkeiten   ☐ ☐ ☐ ☐

Klinikzeitschrift   ☐ ☐ ☐ ☐

regelmäßige Informationsbriefe für niedergelassene Ärzte zu Neuerungen,
Therapieverfahren etc.   ☐ ☐ ☐ ☐

Klinik-Kalender   ☐ ☐ ☐ ☐

Informationsfilm über die Klinik / Abteilung   ☐ ☐ ☐ ☐

Regelmäßige Pressearbeit für die Zielgruppe „niedergelassene Ärzte"   ☐ ☐ ☐ ☐

Darüber hinaus setzen wir folgende Maßnahmen der persönlichen Kommunikation ein:

■ Informationsveranstaltungen für niedergelassene Ärzte
   zur Arbeit der Klinik / Abteilung   ☐ ☐ ☐ ☐

■ Fortbildungsveranstaltungen   ☐ ☐ ☐ ☐

■ Patientenveranstaltungen   ☐ ☐ ☐ ☐

■ Patientenseminare in Absprache mit Zuweisern   ☐ ☐ ☐ ☐

■ Hospitationen   ☐ ☐ ☐ ☐

■ Patientenbezogene Konsile im Krankenhaus   ☐ ☐ ☐ ☐

■ Arbeitstreffen zum Austausch von Informationen   ☐ ☐ ☐ ☐

■ Arbeitskreise mit Falldiskussionen   ☐ ☐ ☐ ☐

■ Stammtische zur Intensivierung der persönlichen Kontakte   ☐ ☐ ☐ ☐

■ Tage der offenen Tür für tatsächliche und potentielle Zuweiser   ☐ ☐ ☐ ☐

■ Neujahrsempfang   ☐ ☐ ☐ ☐

Gesamtpunktzahl D:_____

Schritt 2:

Vergeben Sie für die von Ihnen angekreuzten Aussagen nach folgendem Schema Punkte:

A = 3 Punkte

B = 2 Punkte

C = 1 Punkt

D = 0 Punkte

und schreiben Sie die sich je Aussage ergebende Punktzahl an den rechten Rand.

Schritt 3:

Addieren Sie die einzelnen Punktwerte und tragen Sie das Resultat in das Feld „Gesamt-punktzahl D" ein.

Schritt 4:

Übertragen Sie zum Schluss diesen Wert in die entsprechende Position der Einweisermar-keting-Check-Auswertungsmatrix im Unterkapitel 2.2. Spalte 1 „Erreichte Punktzahl".

E. Mitarbeiterverhalten

Gehen Sie die folgenden Aussagen nacheinander durch und kreuzen Sie je Aussage denje-nigen Buchstaben an, der am ehesten Ihre Kliniksituation beschreibt:

A = Trifft auf unsere Klinik voll und ganz zu.

B = Trifft auf unsere Klinik mit einigen Abstrichen zu.

C = Trifft auf unsere Klinik eher nicht zu.

D = Trifft auf unsere Klinik überhaupt nicht zu.

	A	B	C	D
Wir haben feste Grundsätze in Bezug auf das generelle Verhalten und das Auftreten der Mitarbeiter gegenüber zuweisenden Ärzten.	☐	☐	☐	☐

Alle Mitarbeiter, die Kontakt mit Zuweisern haben,

	A	B	C	D
■ zeigen ein vorbildliches Serviceverhalten	☐	☐	☐	☐
■ sind rhetorisch geschult	☐	☐	☐	☐
■ verwenden eine positive Sprache (Vermeidung negativer Redewendungen etc.)	☐	☐	☐	☐
■ besitzen gute Umgangsformen und sind freundlich	☐	☐	☐	☐
■ sind höflich	☐	☐	☐	☐
■ sind kompetent	☐	☐	☐	☐
■ nehmen jeden Zuweiser mit Fragen und Problemen stets ernst	☐	☐	☐	☐
■ behandeln Zuweiserbeschwerden sachlich und „kundenorientiert"	☐	☐	☐	☐
■ In Telefonaten mit Zuweisern				
■ sprechen die Mitarbeiter ihre Gesprächspartner immer wieder mit Namen an	☐	☐	☐	☐

■ bemühen sie sich um eine möglichst deutliche Ausdrucksweise   ☐ ☐ ☐ ☐

■ hören sie den Zuweisern „aktiv" durch Äußerungen wie „Ja",
„Genau", „Natürlich," „Gerne" oder Ähnliches zu   ☐ ☐ ☐ ☐

Gesamtpunktzahl E: _____

Schritt 2:

Vergeben Sie für die von Ihnen angekreuzten Aussagen nach folgendem Schema Punkte:

A = 3 Punkte

B = 2 Punkte

C = 1 Punkt

D = 0 Punkte

und schreiben Sie die sich je Aussage ergebende Punktzahl an den rechten Rand.

Schritt 3:

Addieren Sie die einzelnen Punktwerte und tragen Sie das Resultat in das Feld „*Gesamtpunktzahl E*" ein.

Schritt 4:

Übertragen Sie zum Schluss diesen Wert in die entsprechende Position der Einweisermarketing-Check-Auswertungsmatrix in Abschnitt 2.2. Spalte 1 „*Erreichte Punktzahl*".

Arbeitshilfe 1: Selbsttest

2.2   Auswertung des Selbsttests

Um Ihren Selbsttest mithilfe von Arbeitshilfe 2 auszuwerten, gehen Sie wie folgt vor:

1. Addieren Sie zuerst Ihre Werte in der Spalte „Erreichte Punktzahl" und tragen das Ergebnis in das Feld „Gesamt" ein.
2. Teilen Sie dann die von Ihnen erreichten Gesamtpunktzahlen der einzelnen Analysebereiche durch die jeweilige Vergleichspunktzahl. Sie resultiert aus der Einweisermarketingarbeit, die besonders erfolgreiche Kliniken praktizieren (Benchmark). Tragen Sie die sich ergebenden Prozentwerte, Ihr Einweisermarketingpotenzial, in die Felder der Spalte „Marketingpotenzial" ein.

3. Bei der Bewertung Ihrer Potenzialwerte kommt es nun darauf an, welche unternehme-
   rische Grundsatzperspektive Sie mit Ihrer Einweiserarbeit verfolgen: Wachstum, Hal-
   ten oder Reduktion?
   - Verfolgen Sie eine Wachstumsstrategie, müssen Ihre Marketingpotenzialwerte größer
     als 80 Prozent sein.
   - Bei einer Haltestrategie sollten die Werte zwischen 50 Prozent und 80 Prozent liegen,
   - Bei einer Reduktionsstrategie können sie niedriger als 50 Prozent sein.

	Erreichte Punktzahl	Vergleichs- punktzahl (Benchmark)	Marketing- potenzial	
A. Planung		240		Wachstum: ≥ 80%
				Halten: > 50% – < 80%
				Reduktion: < 50%
B. Analyse		690		Wachstum: ≥ 80%
				Halten: > 50% – < 80%
				Reduktion: < 50%
C. Organisation		360		Wachstum: ≥ 80%
				Halten: > 50% – < 80%
				Reduktion: < 50%
D. Kommun- ikation		570		Wachstum: ≥ 80%
				Halten: > 50% – < 80%
				Reduktion: < 50%
E. Mitarbeiter- verhalten		360		Wachstum: ≥ 80%
				Halten: > 50% – < 80%
				Reduktion: < 50%Wachstum: ≥ 80%
				Halten: > 50% – < 80%
				Reduktion: < 50%
Gesamt		2220		Wachstum: ≥ 80%
				Halten: > 50% – 80%
				Reduktion: < 50%

Arbeitshilfe 2: Auswertungsmatrix für den Einweisermarketing-Check

3. Einweisermarketingforschung: Analysen und Befragungen

Der Begriff Einweisermarketingforschung bezeichnet die systematische Informationsgewinnung und -aufbereitung aller für die Einweisermarketingarbeit relevanten Informationen. Systematische Informationsgewinnung bedeutet in diesem Zusammenhang, dass die Recherche

- vollständig (Untersuchung aller relevanten Faktoren),

- detailliert (Erhebung aller zugänglichen Einzelheiten) und

- kontinuierlich (regelmäßige Beobachtung, um Entwicklungen zu erkennen)

sein muss. Wenn Sie Einweisermarketing in der vorgestellten Definition als eine Art des Klinikmanagements, die sich an den Anforderungen und Wünschen der zuweisenden Ärzte orientiert, betreiben möchten, müssen Sie deren Anforderungen und Wünsche kennen. Dabei genügt es leider nicht, wenn Sie sich auf Ihr Gefühl oder Ihre Intuition verlassen, sondern Sie benötigen möglichst harte, das heißt direkte Informationen, um darauf Ihre Marketingarbeit aufzubauen. Die Erfahrung zeigt, dass die Diskrepanz zwischen den Vermutungen von Klinikmitarbeitern über die Zuweiserwünsche und der Realität bis zu 60 Prozent beträgt. Die benötigten Daten ermitteln Sie im Rahmen einer Einweiserzufriedenheitsanalyse.

In Abhängigkeit von der Struktur des Einzugsgebiets Ihres Hauses und der dadurch bedingten Wettbewerbsintensität betreiben nicht nur Sie Marketing, sondern stehen in Konkurrenz zu anderen Leistungsanbietern. Die Marketingarbeit Ihrer Konkurrenz setzt den Standard für Ihr eigenes Marketing. In dieser Situation müssen Sie – zusätzlich zu den Zuweiserwünschen – mittels einer Konkurrenzanalyse auch Ihr Wettbewerbsumfeld untersuchen.

Gleichzeitig existieren in Ihrem Einzugsgebiet aber vielleicht auch Möglichkeiten, mit niedergelassenen Ärzten zusammenzuarbeiten, zu denen Sie bislang keinen Kontakt hatten. Mithilfe der Kooperationsanalyse ermitteln Sie, wer diese Partner sind und welche Anforderungen diese in Bezug auf eine Zusammenarbeit mit Ihnen stellen.

Zusammengefasst gilt: Wer den Markt bearbeiten will, muss ihn kennen. Diese Marktkenntnisse erwerben Sie mithilfe der Einweisermarketingforschung.

3.1 Einweiseranalyse

3.1.1 Einweiser-SWOT-Analyse

Die einfachste Form zur Analyse Ihrer Zuweiser ist die qualitativ ausgerichtete SWOT-Analyse. Diese Stärken-Schwächen-Analyse zählt in der Praxis der Krankenhausanalyse zu den Klassikern. „S" steht dabei für „Strengths", „W" für „Weaknesses". Hinzu kommt eine Erweiterung um eine perspektivische Beurteilung der Chancen eines Hauses („O" steht für „Opportunities") sowie seiner potenziellen Bedrohungen („T" steht für „Threats"). Die SWOT-Analyse ist eine Innenanalyse: Ihre Ergebnisse resultieren aus Ihren und den Ansichten und Meinungen Ihrer Kollegen und Mitarbeiter. Je größer der Kreis der Personen ist, die in eine solche Analyse einbezogen werden (und natürlich über Berührungspunkte mit zuweisenden niedergelassenen Ärzten verfügen), desto aussagekräftiger wird die Innensicht Ihres Hauses über Ihre Einweiserarbeit abgebildet.

Die Angaben über Stärken und Schwächen beziehen sich auf die Gegenwart und auf alle durch Sie und Ihre Kollegen und Mitarbeiter veränderbaren Dinge. Die Annahmen über Chancen und Bedrohungen richten sich auf die Zukunft und auf die Punkte, die außerhalb Ihrer direkten Einflussmöglichkeit liegen. Die folgenden Fragestellungen verdeutlichen die Analyserichtungen:

- Stärken der Zusammenarbeit mit zuweisenden Ärzten:

- Was läuft sehr gut?

- Welche positiven Merkmale stellen Zuweiser heraus?

- Was wird von Zuweisern immer wieder lobend erwähnt?

- Was unterscheidet unsere Klinik von anderen?

Schwächen der Zusammenarbeit mit zuweisenden Ärzten:

- Wo liegen Probleme?

- In welchen Bereichen der Zusammenarbeit treten häufig Fehler auf?

- Womit sind wir intern unzufrieden?

- Was kritisieren Zuweiser häufig?

Chancen für die Zusammenarbeit mit zuweisenden Ärzten:

- Gibt es Trends und Entwicklungen, die für uns interessant werden könnten?

- Sind Veränderungen im Klinikumfeld geplant, die die Nachfrage nach Leistungen der Klinik steigern können?

- Sind Zuweiser mit konkurrierenden Kliniken unzufrieden?

- Bedrohungen für die Zusammenarbeit mit zuweisenden Ärzten:

- Kollidieren gesundheitspolitische Regelungen mit der Einweiserstrategie?

- Ändern sich die gestellten Anforderungen der Zuweiser an die Klinikleistung?

- Sind Zuweiser mit konkurrierenden Kliniken zufriedener?

Die SWOT-Analyse ist deshalb so erfolgreich, weil sie nicht nur durch einfaches Auf-schreiben unkompliziert anwendbar ist, sondern vor allem, weil sie die Anwender ins Nachdenken bringt. Ziel der SWOT-Analyse ist, dass Sie Ihre Einweiserarbeit zum einen in ihrer Gesamtheit und zum anderen aus einer Distanz betrachten.

Die Durchführung einer SWOT-Analyse kann auf zwei Arten erfolgen: als allgemeine Analyse und als spezifische Benchmarking-SWOT-Analyse. Die allgemeine SWOT-Ana-lyse eignet sich für Kliniken oder Abteilungen, die in einer geringen Wettbewerbsinten-sität stehen oder eine herausragende Stellung im Einzugsgebiet besitzen. Hierbei werden die SWOT-Merkmale des Hauses ohne Bezug zu anderen Kliniken ermittelt und diese in einer sogenannten SWOT-Portfolio-Matrix (Arbeitshilfe 3) einander gegenübergestellt.

Stärken	Schwächen
•	•
•	•
•	•
•	•
•	•
•	•
Chancen	Bedrohungen
•	•
•	•
•	•
•	•
•	•
•	•

Arbeitshilfe 3: SWOT-Portfolio-Matrix

Um die von Ihnen ermittelten Ergebnisse in eine Rangordnung zu bringen, können Sie zusätzlich (siehe Arbeitshilfe 4):

- die Stärken nach ihrer Bedeutung für den Klinikerfolg und dem jeweils notwendigen Aufwand zur Aufrechterhaltung klassifizieren,

- die Schwächen nach ihrem Schädigungspotenzial und der Möglichkeit einer Beseitigung ordnen,

- die Chancen nach ihrem potenziellem Nutzen für die Einweiserarbeit und der Wahrscheinlichkeit des Eintritts sortieren,

- die Bedrohungen nach ihrem Schädigungspotenzial und der Wahrscheinlichkeit des Eintritts systematisieren.

Klassifizierung von Stärken	Bedeutung der Stärke für den Einweisererfolg				Aufwand (Zeit, Geld, Fortbildung etc.) zur Aufrechterhaltung dieser Stärke			
(Bitte stichwortartig beschreiben) Stärke 1:	sehr groß	groß	gering	sehr gering	sehr groß	groß	gering	sehr gering
	☐	☐	☐	☐	☐	☐	☐	☐
Ordnungssystem für Schwächen	Schädigungspotenzial der Schwäche				Möglichkeit einer Beseitigung			
(Bitte stichwortartig beschreiben) Schwäche 1:	sehr groß	groß	gering	sehr gering	sehr groß	groß	gering	sehr gering
	☐	☐	☐	☐	☐	☐	☐	☐
Sortierungsmöglichkeit für Chancen	Potenzieller Nutzen der Chance				Wahrscheinlichkeit des Eintritts			
(Bitte stichwortartig beschreiben) Chance 1:	sehr groß	groß	gering	sehr gering	sehr groß	groß	gering	sehr gering
	☐	☐	☐	☐	☐	☐	☐	☐
Systematisierung von Bedrohungen	Schädigungspotenzial der Bedrohung				Wahrscheinlichkeit des Eintritts			
(Bitte stichwortartig beschreiben) Bedrohung 1:	sehr groß	groß	gering	sehr gering	sehr groß	groß	gering	sehr gering
	☐	☐	☐	☐	☐	☐	☐	☐

Arbeitshilfe 4: Rangordnung der nach der SWOT-Analyse ermittelten Ergebnisse

In allen anderen Fällen können Sie auf die Benchmarking-SWOT-Analyse zurückgreifen. Sie orientiert sich bei der Beurteilung der Stärken und Schwächen sowohl an den Patientenanforderungen als auch an dem geschätzten oder bekannten Leistungspotenzial Ihrer Konkurrenz (siehe Arbeitshilfe 5):

1. Bestimmen Sie, welche Merkmale für Ihre Leistung in Bezug auf zuweisende Ärzte wichtig sind, und tragen Sie sie in die Spalte „Benchmarking-SWOT-Analyse/Merkmale" ein. Vergeben Sie dann aufgrund Ihrer Einschätzung für jedes der aufgeführten Merkmale eine Gewichtung (Spalte „Gewichtung") im Hinblick auf deren jeweilige Bedeutung. Eine maximale Bedeutung erhält dabei 100 Punkte, Merkmale mit geringerem Gewicht in Relation entsprechend weniger. Stufen Sie jeweils in Zehnerschritten ab. Führen Sie dann eine Selbstbewertung des Erfüllungsgrades der einzelnen Merkmale für Ihre Klinik durch. Verwenden Sie hierzu eine Skalierung von 0 = „keine Erfüllung" bis 10 = „exzellente Erfüllung", und tragen Sie die Werte in die Spalte „Selbstbewertung" ein. Multiplizieren Sie dann je Merkmal den Selbsteinschätzungswert mit der Gewichtung, und tragen Sie das Produkt in Klammern hinter Ihre Selbsteinschätzungen ein.

2. Führen Sie die gleiche Analyse für Ihre stärksten Konkurrenten durch, und tragen Sie die Werte in das Formular ein. Addieren Sie je Spalte Ihre Werte und die Einzelwerte Ihrer Konkurrenten. Sie erhalten auf diese Weise einen direkten Überblick Ihrer kunden- und konkurrenzbezogenen Stärken und Schwächen. Tabelle 1 zeigt das Vorgehen beispielhaft.

Bench-marking-SWOT-Analyse/ Merkmale	Gewich-tung	Selbst-bewertung	Bewertung der Konkurrenz		
			Konkurrent 1	Konkurrent 2	Konkurrent 3
Gesamt					

Arbeitshilfe 5: Erhebungsformular Benchmarking-SWOT-Analyse

Bench-marking-SWOT-Analyse/ Merkmale	Schritt 1		Schritt 2		
	Gewich-tung	Selbst-bewertung	Bewertung der Konkurrenz		
			Konkurrent 1	Konkurrent 2	Konkurrent 3
Merkmal 1	45	5 (225)	10 (450)		
Merkmal 2	30	6 (180)	8 (240)		
Merkmal 3	55	8 (440)	4 (220)		
Merkmal 4	60	3 (180)	7 (420)		
Merkmal 5	25	2 (50)	8 (200)		
Merkmal 6	65	5 (325)	7 (455)		
Merkmal 7	40	2 (80)	4 (160)		
Merkmal 8					
Merkmal 9	80	8 (640)	5 (400)		
Merkmal 10	100	4 (400)	3 (300)		
Merkmal 11	90	3 (270)	6 (540)		
Merkmal 12	80	9 (720)	7 (560)		
Merkmal 13	40	3 (120)	2 (80)		
Merkmal 14	90	3 (270)	4 (360)		
Merkmal 15	75	4 (300)	7 (525)		
Merkmal 16	80	5 (400)	7 (560)		
Merkmal 17	55	5 (275)	9 (495)		
Merkmal 18	30	7 (210)	6 (180)		
Merkmal 19	100	4 (400)	6 (600)		
Merkmal 20	100	9 (900)	8 (800)		
Merkmal 21	70	5 (350)	4 (280)		
Gesamt		7455	8275		

Tabelle 1: Beispiel Benchmarking-SWOT-Analyse

3.1.2   Einweiserstrukturanalyse

Die Einweiserstrukturanalyse verfolgt das Ziel, die Zielpersonen Ihres Einweisermarketings näher zu bestimmen. Zum einen müssen Sie hierzu das Einweiserpotenzial des Einzugsgebiets näher kennen. Hierfür benötigen Sie unter anderem Informationen über die Anzahl der Praxen und ihre regionale Verteilung sowie die Fachrichtungen und therapeutischen Schwerpunkte.

Zum anderen geht es darum, eine Bestands- und Strukturanalyse Ihrer tatsächlichen Zuweiser durchzuführen, bei der die Zielgruppe quantitativ und qualitativ durchleuchtet wird. Dies kann mithilfe Ihrer Klinik-EDV erfolgen. Hierbei sind folgende Datenarten relevant:

A. Einweiser- und Einweisungsanalyse

A.1 Gesamtanalyse

■ Absolute/relative Anzahl der Zuweiser

■ Absolute/relative Häufigkeit der gesamten Zuweisungen für einen Betrachtungszeitraum, absolute/relative Häufigkeit der Zuweisungen je Zeiteinheit, zum Beispiel Quartal, absolute/relative Häufigkeit der Zuweisungen je Indikation

■ Regionalanalyse: regionale Verteilung der Zuweisungen, absolute/relative Häufigkeit nach Regionalkriterien

■ Patientenanalyse: Art der zugewiesenen Patienten, Indikation, Alter, Geschlecht, Kassenzugehörigkeit etc.

A.2 Einzelanalyse

Basisdaten der Zuweiser

■ Titel, Name, Vorname des Arztes/der Ärzte

■ Straße, PLZ, Ort

■ Telefon, Telefax, E-Mail, Homepage

■ Sprechstundenzeiten

Profildaten der Zuweiser

■ Fachrichtung

■ Praxisgröße

■ Leistungsschwerpunkt(e)

■ Diagnostische und therapeutische Ausstattung

- Zusatzangebote

- Medizinische Interessen

- Fachliches Know-how

Kooperationsdaten der Zuweiser

- Zuweisungsintensität: absolute/relative Häufigkeit der Zuweisungen insgesamt je Zuweiser für einen Betrachtungszeitraum, absolute/relative Häufigkeit der Zuweisungen pro Zuweiser je Zeiteinheit, zum Beispiel Quartal, absolute/relative Häufigkeit der Zuweisungen pro Zuweiser je Indikation.

- Regionalanalyse: regionale Verteilung der Zuweisungen, absolute/relative Häufigkeit nach Regionalkriterien.

- Patientenanalyse: Art der zugewiesenen Patienten, Indikation, Alter, Geschlecht, Kassenzugehörigkeit etc.

Ziel der Einzelanalyse ist die Bildung von Einweiserzielgruppen. Dieses Vorgehen baut auf der Erkenntnis auf, dass einweisende Ärzte in Abhängigkeit von der Intensität ihrer Zusammenarbeit mit einem Krankenhaus mit unterschiedlichen Marketinginstrumenten bearbeitet werden müssen. Dazu teilt man die kooperierenden Ärzte beispielsweise in drei Klassen ein:

- A-Zuweiser: sehr hohes, kontinuierliches Zuweisungsverhalten

- B-Zuweiser: mittleres, zum Teil stetiges Zuweisungsverhalten

- C-Zuweiser: sporadische Zuweisung

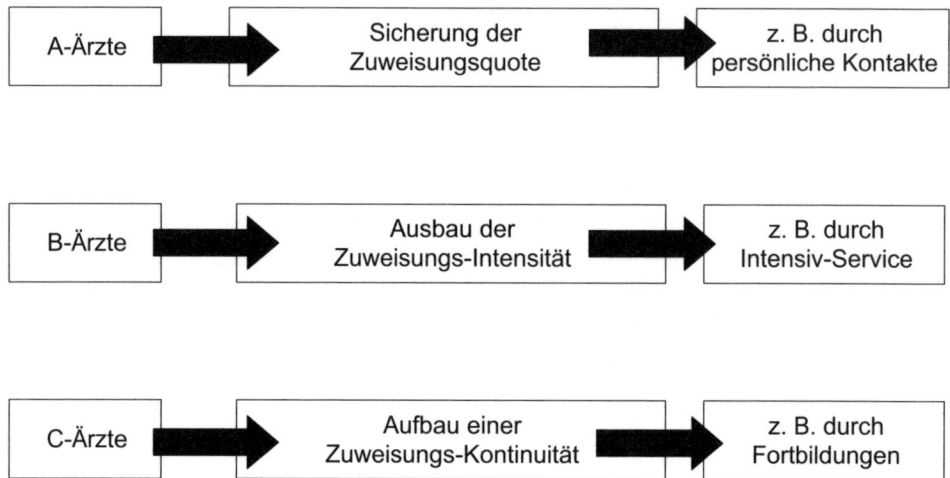

Abbildung 2: Einweiser-Zielgruppenmanagement

Dementsprechend ergeben sich für die drei Gruppen unterschiedliche quantitative und qualitative Ziele, zu deren Erreichen auch verschiedene Marketingansätze notwendig sind:

■ Bei A-Zuweisern steht die Sicherung der Zuweisungsintensität im Vordergrund, die Umsetzung erfordert im Marketingbereich vor allem persönliche Kontakte.

■ Bei B-Zuweisern ist der Ausbau der Zuweisungsintensität das Ziel, sein Erreichen basiert auf einem möglichst breit gefächerten Mix der Marketinginstrumente, um die Klinik in allen Facetten darzustellen.

■ Bei C-Zuweisern geht es um einen Aufbau der Zuweisungsintensität, hierbei stehen am Beginn möglichst kostengünstige Instrumente (Informationsbrief, Fortbildungsveranstaltung), da erst überprüft werden muss, ob weitere Marketinginvestitionen lohnend sind.

3.1.3   Einweiserzufriedenheitsbefragung

Neben den strukturellen Daten benötigen Sie vor allem qualitative Angaben, die Sie mithilfe von Einweiserzufriedenheitsbefragungen ermitteln.

Der Nutzen von Einweiserzufriedenheitsbefragungen

Nur in circa einem Drittel der deutschen Kliniken wurden einweisende Ärzte bislang nach ihrer Meinung über das Krankenhaus und seine Leistungsqualität befragt. Die Gründe hierfür liegen eher im Bereich der Mutmaßung, weniger gründen sie auf konkreten Fakten. Dies zumindest lassen die Antworten auf die Frage: „Aus welchem Grund haben Sie in Ihrer Klinik bislang noch keine Einweiserbefragung durchgeführt?" vermuten:

- *„Zuweisende Ärzte wollen diese Befragungen nicht."*

- *„Was soll das bringen?"*

- „Wir *wissen, was unsere Zuweiser für Wünsche haben."*

- *„Dafür haben wir keine Zeit."*

- *„Haben wir schon versucht, aber ohne wesentliches Ergebnis."*

- *„Zu umständlich."*

- *„Viel Aufwand für nichts."*

- *„Da kommt doch nichts bei ‚raus."*

- *„Läuft doch alles prima!"*

Die Einweiserbefragung ist ein Multifunktionsinstrument, denn

- mit ihr ist die subjektive Struktur-, Prozess- und Ergebnisqualität der Klinikleistung ermittelbar: Die Wirkungen der Arbeit können bestimmt werden;

- sie hat die Funktion eines Marketinginstruments, das den Zuweisern ihre Wichtigkeit für das Haus zeigt;

- sie liefert – bei wiederholter Durchführung – die Daten für eine Kontrolle der Dienstleistungsqualität im Zeitablauf;

- mithilfe der Ergebnisse können Einweiserzufriedenheitsziele für die Klinik formuliert werden;

- sie ist als betriebswirtschaftliches Basisinstrumentarium ein zentraler Bestandteil des Qualitätsmanagements.

Mit der Einweiserbefragung kann das Fremdbild, das niedergelassene Ärzte über Ihr Klinikunternehmen haben, ermittelt und anschließend mit Ihrem Selbstbild abgeglichen werden. Auf diese Weise können Veränderungsnotwendigkeiten abgeleitet werden.

Zuweiser schicken Patienten zu Ihnen in der Hoffnung, dass ihr Krankheitsbild beseitigt oder gelindert wird und stellen dabei bestimmte Erwartungen an ihre Gesamtbetreuung. Um diesen Anforderungen gerecht zu werden, haben Sie Ihre Klinik im Hinblick auf das Leistungsangebot, die Ausstattung, die Organisation und das Personal so ausgerichtet, das dies den Bedürfnissen Ihrer Zuweiser und deren Patienten entspricht (sogenanntes Selbstbild des Krankenhauses). Diese bilden sich anlässlich der Zusammenarbeit eine eigene Meinung über die Gegebenheiten (sogenanntes Fremdbild) und kommen zu einem Qualitätsurteil, das ihre Zuweisungsentscheidung maßgeblich beeinflusst und das sie auch an Dritte weitergeben. Um wirklich zuweiserorientiert arbeiten zu können, müssen Sie dieses Fremdbild kennen, um Ihr Selbstbild und das dahinterstehende Leistungsangebot darauf abzustimmen. Erst wenn beide deckungsgleich sind, entsteht nachhaltige Einweiserzufriedenheit. Klinikteams – wie im Übrigen das Personal in anderen Unternehmen auch – neigen häufig zu einer Über- oder Unterschätzung der Qualität ihrer eigenen Leistung.

Bei einer Überschätzung besteht die Gefahr, dass Probleme, da sie gar nicht für möglich gehalten werden, („Wir sind doch gut!") nicht erkannt und nicht beseitigt werden. Bei deutlicher Unterschätzung kann es zu einer Situation kommen, in der vollkommen falsche Anstrengungen unternommen werden (zum Beispiel zu viele Veranstaltungsangebote), um der vermeintlichen Unzufriedenheit der Zuweiser entgegenzuwirken. Das bindet Ressourcen, die bei einer realistischen Einschätzung für andere Aktivitäten eingesetzt werden könnten.

Einweiserzufriedenheitsbefragungen sind aber auch ein Frühwarnsystem für Kritik. Da zuweisende Ärzte sich nur in den wenigsten Fällen bei Unzufriedenheit förmlich beschweren, wird die Konsequenz der Unzufriedenheit, die Einstellung von Zuweisungen, meist erst viel zu spät bemerkt. Einweiserbefragungen sind nicht zuletzt auch deshalb wichtig, weil – wie Forschungsergebnisse zeigen – im Klinikbereich lediglich über 30 Prozent der zuweisenden niedergelassenen Ärzte exakt gesagt werden kann, was diese wirklich wünschen und erwarten. Die restlichen 70 Prozent Kundenwissen müssen über Marktforschung, gezielte Kommunikationsarbeit und Instrumente, wie zum Beispiel das Beschwerdemanagement, ermittelt werden.

Die einfachste und kostengünstigste Form der Durchführung einer Einweiserbefragung ist die Schriftform, deren Umsetzung im Folgenden detailliert beschrieben wird.

Planung der Befragung

In diesem Schritt stellen Sie die Weichen für den Erfolg Ihrer Befragung: den Erhalt aussagekräftiger und vor allem handlungsrelevanter Ergebnisse. Je genauer Sie planen, also die Zielgruppe und die Zielsetzung Ihrer Befragung definieren, desto besser können Sie die Analysemerkmale auswählen und die Fragen formulieren.

Der Begriff Ziel bezeichnet die vorweggenommene Vorstellung, die Sie über das Ergebnis Ihrer Befragung entwickeln müssen. Sie gibt Antwort auf die Frage „*Was will ich mit meiner Einweiserbefragung erreichen?*" Damit sie diese Funktion erfüllen kann, benötigt Ihre Zieldefinition eine ganz bestimmte Gestaltungsform.

Spezifizieren Sie Ihr Ziel konkret auf ein oder mehrere Bezugsobjekte. So genügt es zum Beispiel nicht, wenn Sie ein Ziel wie „Wir möchten die Zufriedenheit unserer Zuweiser ermitteln", formulieren. Zwar geben Sie eine Zielrichtung vor, aber das Bezugsobjekt ist viel zu allgemein, als dass Sie Maßnahmen ableiten könnten, das Ziel zu erreichen. Treffender formuliert lautet das Ziel: „*Wir möchten die Zufriedenheit unserer Zuweiser mit folgenden Aspekten unserer Arbeit ermitteln ...*". Noch präziser lässt sich das Erkenntnisziel formulieren, wenn Sie die allgemein gehaltene Zielgruppe „Zuweiser" weiter spezifizieren, zum Beispiel „*... untergliedert nach den bereits beschriebenen drei A-B-C-Gruppen.*" Auf diese Weise grenzen Sie den Kreis der möglichen Frageninhalte ein und schaffen eine klare Arbeitsgrundlage.

Definieren Sie eindeutige Messgrößen, mit deren Hilfe die Befragungsresultate überprüfbar werden. Das betrifft die Auswahl der Antwortmöglichkeiten. Genügen Ihnen qualitative Beschreibungen, oder möchten Sie zum Beispiel Zufriedenheitswerte in Notenform ermitteln? Auf diesen Aspekt wird im weiteren Verlauf dieses Kapitels eingegangen.

Legen Sie ergänzend noch den Zeithorizont fest, innerhalb dessen die Befragung durchgeführt werden soll, und spezifizieren Sie Beginn und Ende der Einzelschritte (siehe Arbeitshilfe 6).

	Beginn	Ende
Erarbeitung der Fragebogeninhalte		
Erstellung des Fragebogens		
Pre-Test		
Durchführung der Befragung		
Auswertung der Ergebnisse		
Zusammenstellung der Veränderungsschritte		

Arbeitshilfe 6: Zeitplan für die Durchführung einer Einweiserbefragung

Soweit Sie einzelne Arbeitsschritte nicht selbst durchführen, sollten Sie eine für die Umsetzung verantwortliche Person benennen. Auch hierauf wird später bei der organisatorischen Abwicklung noch einmal eingegangen.

Die Auswahl der Zielgruppe ergibt sich unmittelbar aus dem oder den Befragungszielen. Hierzu einige *Beispiele*:

■ *Sie haben noch keine genaue Vorstellung über die Zufriedenheit Ihrer Einweiser.* In diesem Fall müssen Sie das Themenspektrum und die Zielgruppe der Befragung möglichst breit anlegen, um ein umfassendes Bild zu erhalten. In Folgebefragungen können Sie dann spezifischer auf interessierende oder markante Aspekte eingehen.

■ *Sie verfügen über genau definierte Qualitätsziele, die regelmäßig im Hinblick auf ihren Erfüllungsgrad überprüft werden sollen.* Ihre Befragung richtet sich demnach inhaltlich und – soweit die Qualitätsziele auch für einzelne Einweisergruppen definiert sind – zielgruppenbezogen nach den Vorgaben Ihres Qualitätsmanagementkonzeptes.

■ *Sie sind mit einer zunehmenden Anzahl von Beschwerden konfrontiert und möchten mithilfe einer Befragung eine objektive Basis für die Diskussion mit den Mitarbeitern und für Veränderungsmaßnahmen schaffen.* Hierbei ist zunächst zu ermitteln, ob die Beschwerden aus einem Kreis von Zuweisern kommen, der durch gleiche Merkmale, zum Beispiel die Zuweisung in eine bestimmte Abteilung, gekennzeichnet ist. Trifft das zu, bildet dieser Personenkreis die Befragungszielgruppe, ansonsten muss sich die Untersuchung auf alle Einweisergruppen erstrecken. Inhaltlich wird die Befragung durch den oder die Beschwerdegründe fixiert.

- *Sie haben in Ihren Zielvereinbarungen mit Ihren Mitarbeiterinnen Einweiserzufriedenheitskriterien vereinbart, deren Erfüllungsgrad über regelmäßige Befragungen erhoben wird.* Zielgruppen und Inhalte der Befragung entsprechen damit den Kriterien der Zielvereinbarungen.

- *Sie möchten im Rahmen Ihrer Marketingarbeit ein positiv wirksames und markantes Zeichen setzen und die Einweiserbefragung als Marketinginstrument nutzen.* Die Befragungszielgruppe ist in diesem Fall möglichst breit anzulegen, es sei denn, Sie möchten spezielle Teilzielgruppen erreichen.

Die Auswahl der Zielgruppe ist bei Einweiserbefragungen unmittelbar mit der Frage des Stichprobenumfanges verbunden. Da im Krankenhaus keine statistischen Anforderungen entsprechende Repräsentativbefragungen möglich sind, muss auf Hilfsgrößen zurückgegriffen werden. Geht es um globale Zufriedenheitsziele, ist es beispielsweise sinnvoll, Zuweiser zu befragen, die während eines Quartals Patienten einweisen. Wichtig ist hierbei, möglichst keinen für die Zuweisungen untypischen Zeitraum zu wählen (zum Beispiel Weihnachtszeit, Ferien oder Ähnliches). Innerhalb dieses Zeitraums sollte die Auswahl der Zuweiser nach dem Zufallsprinzip erfolgen.

Entwicklung des Fragebogens – der Fragebogenbaukasten

In diesem Arbeitsschritt schaffen Sie die Basis dafür, detailliert an die gewünschten Informationen über die Zufriedenheit Ihrer Zuweiser zu gelangen. Der Fragebogen ist damit das zentrale Element der gesamten Befragung. Seine Inhalte und sein Design müssen auf Ihre Ziele und die anzusprechende(n) Zielgruppe(n) abgestimmt sein. Eine falsche inhaltliche Gestaltung des Fragebogens ist die häufigste Ursache für Misserfolge bei Befragungen.

Da sich Einweiserbefragungen – und damit der Fragebogen – nicht normieren lassen, sondern immer auf die individuell zu lösenden Fragestellungen ausgerichtet sein müssen, habe ich die wichtigsten Aspekte der Bogengestaltung in einem Fragebogenbaukasten zusammengestellt. Er zeigt Ihnen, welche Punkte bei der Gestaltung beachtet werden sollten und wie deren Umsetzung konkret aussehen kann. Sie können dann aus den verschiedenen Elementen Ihren individuellen Befragungsbogen zusammenstellen oder die Beispiele als Anregungen für eigene Ideen zu verwenden.

Grundsätzlich gilt für die Bogengestaltung, dass die Befragungsunterlage

- methodisch passend aufgebaut ist, d.h. mithilfe der Fragen auch das ermittelt wird, was Sie als Ergebnis anstreben;

- verständlich konzipiert ist, das heißt die Zuweiser ohne großes Überlegen wissen, was sie tun sollen;

■ übersichtlich ausgelegt ist, damit man sich schnell orientieren kann;

■ soweit möglich auch abwechslungsreich ist, sodass es nicht zu einer Ermüdung durch eine Befragungsmonotonie kommt.

Fragebogenformat und -umfang

Das beste Fragebogenformat ist DIN A4. Kleinere Formate limitieren Sie nicht nur in der Anzahl der aufführbaren Fragen, sondern auch in der Größe der verwendbaren Schrift. Eine Ausnahme bilden sogenannte Dauer- oder Kurzbefragungen, bei denen die Klärung einiger weniger Fragen im Vordergrund steht. Vielleicht kennen Sie solche Befragungen aus dem Einzelhandel („Sagen Sie uns Ihre Meinung!"). Für diese besondere Befragungsform eignen sich am besten Befragungskarten, zum Beispiel im Postkarten- oder DIN-Lang-Format.

Vielfach herrscht die Meinung vor, ein Einweiserfragebogen dürfe nur einseitig gestaltet sein und müsse aus möglichst wenigen Fragen bestehen. Die tatsächlichen Möglichkeiten sehen in der Realität allerdings völlig anders aus: Zum einen ist ein zweiseitiger Fragebogen für niedergelassene Ärzte ohne Probleme bearbeitbar. Wichtig ist bei zweiseitigen Bögen, dass Sie prägnant durch den Hinweis *„Bitte wenden"* auf die umseitige Fortsetzung hinweisen. Zudem unterstreicht ein ausführlicher Fragebogen die Ernsthaftigkeit der Befragung und hebt sich damit von anderen Befragungen ab. Aus der Option einer zweiseitigen Befragung resultiert gleichzeitig ein deutlicher Zuwachs an Frage- und Erkenntnismöglichkeiten. Durchschnittlich lassen sich pro Bogen – ohne dass es zu Verweigerungen kommt – circa 20 bis 25 Leistungsmerkmale abfragen, ergänzt um zwei bis drei offene und weitere fünf bis acht geschlossene Fragen.

Das Fragebogenlayout

Wichtig ist, dass Ihr Fragebogen Ihre Zielpersonen zur Beschäftigung mit der Unterlage und vor allem zu einem vollständigen Ausfüllen motiviert. Das erreichen Sie durch ein ansprechendes Layout, das folgende Kriterien erfüllen sollte:

■ Die Fragen sollten in einer ansprechenden, möglichst symmetrischen Gliederung über den Bogen verteilt sein. Das ist umso wichtiger, je mehr Fragen Sie stellen, da die Befragten sich dann besser innerhalb des Bogens orientieren können. Gestalten Sie das Ganze mit Abständen zwischen den Fragen, damit sie nicht erdrückend auf den Leser wirken.

■ Stimmen Sie den Fragebogen auf die Corporate Identity Ihrer Klinik ab, und verwenden Sie die zugehörige Typografie und Farbwahl sowie Ihr Krankenhaus-Logo. Setzen Sie Farben aber sparsam und dezent ein, damit sie nicht verwirren. Wenn Sie eine Farbe einem Gestaltungselement, zum Beispiel einer Frage, zugewiesen haben, müssen Sie diese Zuordnung für den gesamten Bogen beibehalten. Nutzen Sie Farben in der Hauptsache als visuelle Hilfen, die durch den Fragebogen führen.

■ Verwenden Sie einfache, klar strukturierte Schriften (zum Beispiel Times New Roman, Arial etc.) anstelle verspielter Varianten, die immer schlechter zu erkennen sind.

Der Fragebogenbegleitbrief

Eine Ausfüllbereitschaft der Zielpersonen entsteht erst, wenn ihnen die Zielsetzung der Befragung im Sinne eines konkreten Nutzens verdeutlicht wird. Das geschieht am besten in einem Begleitbrief. Inhaltlich sollte dabei so konkret wie möglich formuliert werden, auf welche Weise die zuweisenden Ärzte von einer Teilnahme profitieren, zum Beispiel dadurch, dass die Befragung ermitteln soll, wie die Kommunikationswege verkürzt und die -schnelligkeit erhöht werden oder welche Fortbildungsthemen besonders interessieren. Hilfreich ist darüber hinaus auch, die Zusendung einer Ergebniszusammenfassung anzukündigen.

Unabdingbar ist eine Personalisierung der Begleitbriefe, wobei akribisch auf die Verwendung der richtigen Titel und der richtigen Namensschreibweise geachtet werden muss. Ebenso gehört der Hinweis auf den Datenschutz, also eine anonymisierte Auswertung, in das Schreiben, ergänzt um den Hinweis, wie die Fragen beantwortet werden sollen, beispielsweise durch Ankreuzen. Den Abschluss bildet dann der Dank im Voraus für die Mitarbeit.

Neben dem Fragebogen sollte der Begleitbrief durch einen voradressierten Rücksendeumschlag ergänzt werden, der den Aufdruck „Porto zahlt Empfänger" trägt. Damit schließen Sie von vornherein eine wichtige Rücksendebarriere aus und bezahlen später nur die Rückläufe, die Sie auch tatsächlich erhalten.

Befragungsinhalte

Die Befragungsinhalte hängen von Zielen Ihrer Befragung ab. Die folgende Auflistung gibt Ihnen einen Überblick:

■ Kriterien für die Auswahl des Krankenhauses (fachlicher Ruf der Klinik, persönlicher Kontakt zur Klinik, Wunsch des Patienten, früher selbst dort gearbeitet, medizinisch-technische Ausstattung, kurzer Weg für die Patienten);

■ Leistungsangebot (Art, Umfang, Qualität, Kapazität);

■ apparative Ausstattung (Art, Entwicklung, Ressourcenausstattung);

■ Personal (Qualifikation, fachliches Know-how);

■ Qualität (medizinische Qualität, Betreuungsqualität, Qualitätsmanagement);

- Patientenbetreuung (Information, Kommunikation, Zuwendung, Individualität, Komfort, Service);

- Information und Kommunikation (Verfügbarkeit von Ansprechpartnern, Wartezeit auf Arztbrief, Freundlichkeit, Kommunikationszeiten, Organisiertheit, Flexibilität);

- Erreichbarkeit (persönliche und telefonische Erreichbarkeit der Ansprechpartner);

- Zusammenarbeit (Organisation der Zusammenarbeit, Absprachen, Routinen etc.);

- Wartezeiten (auf einen Termin, auf Feedback oder auf den Arztbrief);

- Diagnose und Therapie (Anerkennung der Vorleistungen des Zuweisers, Absprachen);

- Information über Leistungen, Zusatzangebote, Abläufe, telefonische Erreichbarkeit;

- Arzt/Ärzte (fachliches Know-how, Behandlungstechniken, Fortbildungsstand);

- Veranstaltungen für zuweisende Ärzte (Themen, Zufriedenheit mit bisherigen Veranstaltungen);

- Attraktivität für die Einweiserpraxis (Dinge, die besonders gefallen haben, Dinge, die besonders missfallen haben);

- Patientenfeedback (Länge der Wartezeit, Information über Erkrankung und Behandlung).

Zur Zusammenstellung der Inhalte empfehle ich Ihnen die Einbeziehung Ihres Teams. So nutzen Sie nicht nur das Know-how und die Ideen Ihrer Mitarbeiter, sondern stellen auch von Beginn der Aktion an die Akzeptanz der Befragung durch das Personal sicher. Nichts ist ungeschickter, als wenn Sie die Belegschaft, die die Aktion ja auch betrifft, mit einem fertigen Konzept überraschen. Die Folge ist vorprogrammiert: Ihre Mitarbeiter werden die Befragung als Kontrolle verstehen, sie ablehnen und in der Umsetzung nicht wirklich unterstützen. Erarbeiten Sie deshalb bereits die Befragungsinhalte gemeinsam in der Gruppe. Am einfachsten funktioniert das, wenn Sie im Zuge einer Teambesprechung das Projekt erörtern und ein Brainstorming durchführen, welche Aspekte der Kooperation mit Zuweisern unter der Zielsetzung der Aktion untersucht werden sollen. Geben Sie Ihrem Team und sich selbst 15 Minuten Zeit, alle Punkte, die Ihnen für eine Analyse spontan einfallen, auf Karten oder Zettel zu schreiben. Sammeln Sie dann die Zettel ein, und ordnen Sie sie nach gleichen Inhalten. Hilfreich ist es, wenn Sie eine Pinwand oder Ähnliches zur Verfügung haben, an der Sie die einzelnen Themen-Cluster für alle sichtbar zusammenstellen können. Ergeben sich zu viele Themen, lassen Sie Prioritäten, zum Beispiel in einer A-B-C-Klassifizierung, vergeben, etwa nach der Fragestellung: „Welches Befragungsthema ist sehr wichtig (A), wichtig (B) und eher unwichtig (C)?" Auf dieser Basis können Sie dann in die Konkretisierungsphase übergehen und die Fragen formulieren.

Darüber hinaus bietet eine Einweiserbefragung Ihnen die Möglichkeit, für Leistungen Ihrer Klinik(-abteilung) zu werben. Das bewerkstelligen Sie mithilfe sogenannter Marketingfragen, etwa wie folgt formuliert:

■ *„Wussten Sie, dass unsere Klinik folgende Leistungen anbietet?"* oder

■ *„Über welche der folgenden Leistungen würden Sie gerne detaillierte Informationen erhalten?"*

Über die Beschäftigung mit der jeweils nachfolgenden Auflistung lernen Ihre Zuweiser spezielle Angebote Ihres Hauses kennen und können bei Interesse gezielt nachfragen.

Zudem bietet Ihnen eine Einweiserbefragung die Option, den Grad der Zuweisungsbereitschaft Ihrer Zuweiser zu messen. Diese bilden sich anlässlich ihrer eigenen Klinikkontakte und aufgrund der Patientenrückmeldungen eine eigene Meinung über die Gegebenheiten (sogenanntes Fremdbild) und kommen zu einem Qualitätsurteil, das ihre Bereitschaft, Patienten einzuweisen, bestimmt. Diese Bereitschaft können Sie messen. Hierfür bietet sich die Technik des Net Promoter Scores an, der von dem amerikanischen Management- und Marketingspezialisten Fred Reichheld entworfen und in einem Artikel im Harvard Business Review (Dezember 2003) unter dem Titel „The One Number You Need To Grow" vorgestellt wurde (Net Promoter ist eine geschützte Marke von Bain & Company, Inc., Fred Reichheld and Satmetrix Systems, Inc.). Seine Berechnung basiert auf der Beantwortung der Frage: „Wie wahrscheinlich ist es, dass Sie auch weiterhin unserer Klinik Patienten zuweisen?" Bewertet wird auf einer Skala von 0 (unwahrscheinlich) bis 10 (sehr wahrscheinlich). Der Wert misst also die Einweisungsbereitschaft Ihrer Zuweiser, die ein zentraler Faktor Ihres Klinikerfolges ist. Mithilfe der zehnstufigen Skalierung können Sie Ihre Zuweiser in drei Gruppen einteilen (siehe Abbildung 3):

■ Die *Klinik-Unterstützer* (Zuweiser, die die Skalenstufen 10 und 9 auswählen): Hierbei handelt es sich um begeisterte Kooperationspartner, die mit der Leistung Ihres Hauses mehr als zufrieden sind und deren Einweisungsentscheidung hierdurch eindeutig festgelegt, unter Umständen sogar steigerbar ist.

■ Die *Passiven* (Zuweiser, die die Skalenstufen 8 und 7 auswählen): Auch diese Ärzte sind mit Ihrer Arbeit zufrieden, aber eher indifferent, sodass sich hieraus kein kontinuierlicher Zuweisungsstrom ergibt.

■ Die *Klinik-Kritiker* (Zuweiser, die die Skalenstufen 6 bis 0 auswählen): Diese Gruppe umfasst die unzufriedenen Zuweiser, die ihre Unzufriedenheit auch nach außen tragen. Sie weisen nur in Einzelfällen Patienten ein und bilden ein Gefährdungspotenzial für Ihre Klinik.

Der Net Promoter Score

„Bewertet auf einer Skala von 0 (unwahrscheinlich) bis 10 (sehr wahrscheinlich),
wie wahrscheinlich ist es, dass Sie auch weiterhin unserer Klinik Patienten zuweisen?

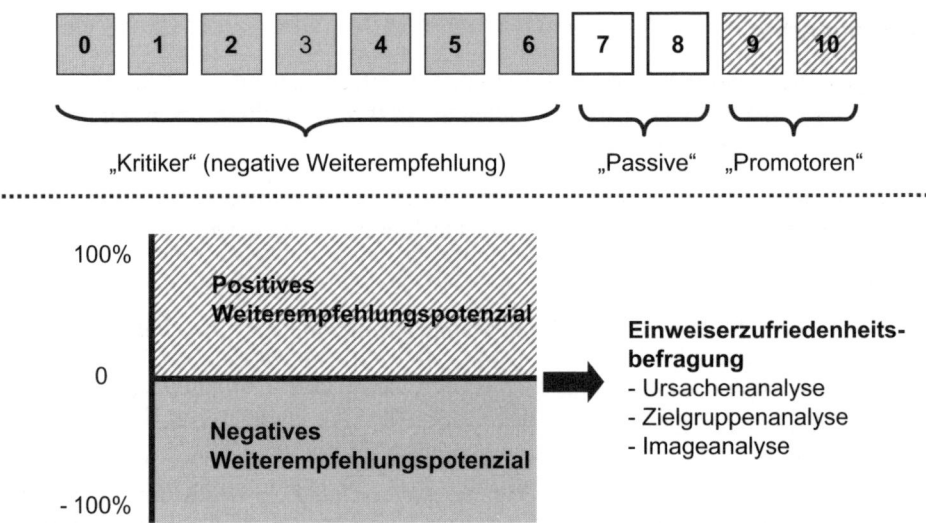

Abbildung 3: Bestimmung der Zuweisungsbereitschaft

Die Kennziffer für die Zuweisungsbereitschaft Ihrer Kooperationspartner berechnet sich
nun aus der Differenz des Anteils der Klinik-Unterstützer und der Klinik-Kritiker. Ist der
Wert negativ (positiv), überwiegen die Ärzte mit negativer (positiver) Zuweisungsbereitschaft. In einer gemeinsamen Betrachtung der Kennziffer und der Beurteilung der Leistungsmerkmale Ihrer Klinik können Sie exakt bestimmen, was verbessert werden muss,
um zum Beispiel eine niedrige Zuweisungsbereitschaft zu erhöhen.

Noch interessanter wird es, wenn Sie die Kennziffer für einzelne Zielgruppen betrachten (siehe Tabelle 2) und anschließend deren Zufriedenheit mit Ihrer Arbeit untersuchen.

Zielgruppe	Weiterempfehlungspotenzial
Stammzuweiser	- 11%
Neuzuweiser	+ 22%

Tabelle 2: Zuweisungsbereitschaft nach Zielgruppen

Das Beispiel aus Tabelle 2 entstammt einer Analyse in einer allgemeinchirurgischen Klinik. Hier wurde ein hoher Aufwand zur Gewinnung neuer Zuweiser betrieben, der auch
zu einer guten Zuweisungsbereitschaft führte. Dieser Aufwand ging aber, neben organisatorischen Defiziten, zulasten der Stammeinweiserbetreuung, was diese mit einer negati-

ven Zuweisungsbereitschaft quittierten. So stand die Klinik vor der Situation, dass – über die Dauer von zwei Jahren betrachtet – zwar neue Einweiser gewonnen werden konnten, gleichzeitig der Anteil der Stammeinweiser aber sank.

Die Fragearten

Die Fragen Ihres Analysebogens sollten möglichst einfach, eindeutig und auf Anhieb verständlich formuliert sein. Gleichzeitig sollten Sie in Bezug auf die Auswertung beachten, dass sie einfach zu analysieren sind.

Unterschiedliche Fragearten führen zu unterschiedlichen Antwortqualitäten. Für Einweiserbefragungen eignen sich in Bezug auf die Qualität drei Fragetypen:

■ Offene Fragen

Offene Fragen fordern zu einer freien Meinungsäußerung auf: *„Was haben Sie in unserer Klinik als besonders positiv empfunden?"*, *„Worüber haben Sie sich besonders geärgert?"*, „Was können wir Ihrer Meinung nach an unserer Arbeit verbessern?". Sie führen einerseits zu freien und authentischen Aussagen, die sehr gut die Zuweisermeinung widerspiegeln, diesen ein „Ventil" für ihre Meinung bieten und gleichzeitig das Gefühl vermitteln, dass die Meinungserforschung ein wirkliches Anliegen Ihres Hauses ist. Andererseits sind sie nur sehr schwer zu standardisieren und damit in ihren Inhalten einer statistischen Auswertung zugänglich zu machen. Hier kommt es bei der Auswertung darauf an, inhaltlich zusammengehörige Aussagen zu sogenannten Clustern, das heißt Sinneinheiten, zusammenzufassen. Insofern sind offene Fragen ein Muss-Bestandteil eines Einweiserfragebogens, allerdings nur in geringerer Anzahl.

■ Geschlossene Fragen

Bei geschlossenen Fragen geben Sie Antwortmöglichkeiten vor, aus denen dann die Befragten nur noch auswählen müssen (man spricht auch von Auswahlfragen), welche der Antwortkategorien auf ihre Meinung am ehesten zutrifft. Solche Fragen sind schnell und einfach zu beantworten, allerdings müssen Sie in Kauf nehmen, dass Aspekte, die nicht in den Kategorien vorgegeben sind, auch nicht zur Sprache kommen. In Bezug auf die Auswertung sind geschlossene Fragen ideal, da die Ankreuzhäufigkeiten der einzelnen Antwortkategorien ausgezählt und statistisch verarbeitet werden können.

Die Formulierung geschlossener Fragen kann zum einen direkt erfolgen, zum Beispiel: *„Wie würden Sie die Freundlichkeit am Telefon bewerten?"*, die Antwortkategorie könnte aus Schulnoten bestehen. Zum anderen haben Sie die Möglichkeit, Ihre Befragungspersonen eine Feststellung bewerten zu lassen, zum Beispiel: *„Der telefonische Kontakt ist sehr freundlich"*, als Antwortkategorie wäre eine einfache Ja-Nein-Auswahl denkbar. Zudem können Sie die Fragen so stellen, dass Ihre Zuweiser zur Wiedergabe von Beobachtungen aufgefordert sind, statt Sachverhalte zu bewerten.

„Wenn Sie mit dem behandelnden Arzt sprechen, haben Sie den Eindruck, dass Ihre Fragen ausführlich beantwortet werden?"

Mit diesem Fragetyp stellen Sie direkte Fragen, die die Befragungsperson in ihrer Klinikwahrnehmung unmittelbar ansprechen und eine Art Dialog initiieren. Man spricht auch von Reporting-Fragen, die einen hoch motivierenden Effekt haben und die Bereitschaft zum Ausfüllen eines Fragebogens deutlich fördern.

Eine weitere Gestaltungsdimension geschlossener Fragen ist das Antwortformat. Hier stehen Ihnen mehrere Möglichkeiten zur Verfügung:

– Zwei Antwortkategorien

  Die am meisten verbreiteten Kategorien sind – wie erwähnt – „Ja" und „Nein", „Gut" und „Schlecht" oder „Trifft zu" und „Trifft nicht zu". Diese einfache Polarisierung führt zu einer klaren Stellungnahme und erbringt eindeutige Ergebnisse. Häufig wird diese Frage- bzw. Antwortform noch mit einer offenen Frage verbunden, um die Beweggründe hinter den Antworten zu erforschen:

  „Wie hat Ihnen die Fortbildungsveranstaltung gefallen?" (Bitte kreuzen Sie die am ehesten auf Ihre Meinung zutreffende Antwort an.)

  ☐ gut   ☐ schlecht

  Wenn Ihre Antwort „gut" ist, was hat Ihnen besonders gefallen?

  Wenn Ihre Antwort „schlecht" ist, was hat Ihnen nicht gefallen?

– Mehrere Antwortkategorien

  Natürlich lässt sich das Antwortspektrum auch durch die Auswahl weiterer Antwortmöglichkeiten erweitern, zum Beispiel:

  „Wie sind Sie auf unsere Klinik aufmerksam geworden?" (Bitte kreuzen Sie die zutreffende Antwort an.)

  ☐ *Telefonbuch*

  ☐ *Internet*

  ☐ *Empfehlung eines Kollegen*

  ☐ *Pressenotiz*

  Die hohe Eignung für eine Auswertung erkaufen Sie jedoch mit der Notwendigkeit, die Antwortmöglichkeiten im Vorfeld zusammenzustellen. Doch auch hier können Sie, um auf Nummer sicher zu gehen, eine offene Frage anschließen:

  ☐ Sonstige Informationsquelle: _____

Ein anderer, sehr verbreiteter Antworttyp ist das Schulnotensystem:

„Wie zufrieden sind Sie mit der Schnelligkeit der Verfügbarkeit des Arztbriefes?"
(Bitte kreuzen Sie die am ehesten auf Ihre Meinung zutreffende Schulnote an)

☐ *1 = sehr gut*

☐ *2 = gut*

☐ *3 = befriedigend*

☐ *4 = ausreichend*

☐ *5 = mangelhaft*

☐ *6 = ungenügend*

Der Vorteil dieses Bewertungssystems ist, dass es sehr bekannt und auf eine gewisse Weise eindeutig ist, natürlich nicht im strengen statistischen Sinn.

■ Skalen

In Einweiserzufriedenheitsbefragungen geht es vor allem darum, Einstellungen der Zuweiser zu Leistungsmerkmalen einer Klinik detailliert zu erfassen. Das lässt sich mit zwei Antwortkategorien, zum Beispiel „gut" und „schlecht", in der Tendenz bewerkstelligen, zwischen den Polen zweier Antwortkategorien aber existieren viele weitere Möglichkeiten der Zustimmung und Ablehnung. Diese Vielfalt differenzierter Meinungen können Sie mithilfe von Skalen erfassen, die ebenfalls statistischen Auswertungsmethoden zugänglich sind. Folgende Varianten können eingesetzt werden:

– Dreistufige Skala
   Die bekannteste Skala besteht aus drei Smileys, die mit ihrem Ausdruck anschaulich ein positives, ein neutrales und ein negatives Werturteil repräsentieren:

   „Wie zufrieden sind Sie mit unseren Sprechstundenzeiten?" (Bitte kreuzen Sie die
   am ehesten auf Ihre Meinung zutreffende Antwort an.)

   ☐ ☺

   ☐ ☺

   ☐ ☺

Neben den beiden positiven und negativen Außenbereichen umfasst die Skala einen unentschiedenen Mittelpunkt, der durchaus eine Meinungsposition beschreiben kann, aber auch dazu verleitet, sich eben nicht zu entscheiden.

– Vierstufige Skala

„Wie zufrieden sind Sie mit der Information bei Komplikationen?" (Bitte kreuzen Sie die am ehesten auf Ihre Meinung zutreffende Antwort an.)

☐ *sehr zufrieden*

☐ *zufrieden*

☐ *unzufrieden*

☐ *absolut unzufrieden*

Bei dieser Skala gibt es keinen Mittelpunkt, der Befragte muss sich also für eine Antwort im Positiv- oder Negativ-Bereich entscheiden. Das ist bewusstes Gestaltungsprinzip, um eine neutrale Rückzugsposition zu vermeiden, die manche Befragte gerne einnehmen, die aber die Beurteilung der Zufriedenheit nur wenig fördert.

– Fünfstufige Skala

„Wie zufrieden sind Sie mit den organisatorischen Abläufen?" (Bitte kreuzen Sie die am ehesten auf Ihre Meinung zutreffende Antwort an.)

☐ sehr zufrieden

☐ zufrieden

☐ teils, teils

☐ unzufrieden

☐ absolut unzufrieden

Die Fünferskala besitzt den oben kritisierten Mittelpunkt, der die Tendenz zur Mitte fördert und maßgeblich die Analysequalität negativ beeinflusst.

– Sechsstufige Skala

„Wie zufrieden sind Sie mit den Informationen über unsere therapeutischen Möglichkeiten?" (Bitte kreuzen Sie die am ehesten auf Ihre Meinung zutreffende Antwort an.)

☐ *absolut zufrieden*

☐ *zufrieden*

☐ *eingeschränkt zufrieden*

☐ *eingeschränkt unzufrieden*

☐ *unzufrieden*

☐ *absolut unzufrieden*

Die Sechserskala ist eine differenziertere Viererskala ohne Mittelpunkt. Allerdings wählen Befragte bei ihren Antworten sehr ungern die Extrempositionen, sodass die Sechserskala im Aussagewert mit der Viererskala vergleichbar ist. Zudem sieht das Layout bei der Bewertung mehrerer Merkmale schnell abschreckend aus und erhöht so eher die Verweigererquote und nicht die Erkenntnisqualität.

– Kontinuierliche Skala

Bei den bislang beschriebenen Skalen handelt es sich um sogenannte Intervallskalen. Sie gestatten die Auswahl vorgegebener Intervallpunkte mithilfe von Auswahl- bzw. Ankreuzkästchen. Demgegenüber kann bei einer kontinuierlichen Skala jeder Wert zwischen den Skalen-Begrenzungen, zum Beispiel von 0 (absolute Unzufriedenheit) bis 10 (absolute Zufriedenheit) gewählt werden. Eine solche Skala kommt in zwei Formen zum Einsatz: Sie können Ihre Zuweiser bitten, den Wert anzugeben, der am ehesten ihre Meinung widerspiegelt:

„Wie zufrieden sind Sie mit den Therapieergebnissen unserer chirurgischen Abteilung?“ (Bitte geben Sie Ihre Meinung mithilfe eines Wertes an, der zwischen den Eckwerten 0 = absolute Unzufriedenheit und 10 = absolute Zufriedenheit liegt.)

Die andere Möglichkeit ist, die Befragten zu bitten, auf einer Linie mit einem Kreuz ihre Meinung zu notieren:

„Wie zufrieden sind Sie mit den Therapieergebnissen unserer chirurgischen Abteilung?“ (Bitte kreuzen Sie auf der Meinungsachse die Position an, die Ihrer Meinung am besten entspricht.)

Absolute Unzufriedenheit   X   Absolute Zufriedenheit

Kontinuierliche Skalen helfen, ein Meinungsbild sehr differenziert zu erfassen. Ihr Einsatz ist jedoch mit einem relativ hohen Auswertungsaufwand verbunden, sodass eine Anwendung bei Zuweiserbefragungen weniger sinnvoll ist. Zudem ist ein Fragebogen, der derartige Antworttypen umfasst, sehr erklärungsbedürftig und wird von vielen Ärzten abgelehnt.

Einen Ausweg bietet die Mischform aus einer Intervall- und kontinuierlicher Skala:

„Wie zufrieden sind Sie mit den Informationen zum Aufnahmeprozedere?“ (Bitte kreuzen Sie den Wert an, der Ihrer Meinung am besten entspricht)

Absolut unzufrieden   0   1   2   3   4   5   6   7   8   9   10   Absolut zufrieden

□   □   □   □   □   □   □   □   □   □   □   □

Fragenformulierung und Befragungsdramaturgie

Bei der Formulierung Ihrer Fragen sollten Sie darauf achten, die Befragungsinhalte so einfach wie möglich, aber eindeutig darzustellen. Bilden Sie hierzu kurze, verständliche Sätze ohne Verschachtelungen und Fremdwörter. Nutzen Sie auch umgangssprachliche Formulierungen. Beide Aspekte stellen sicher, dass alle Fragen beantwortet werden.

Fragen Sie keine zu allgemein gehaltenen Sachverhalte ab, da Ihnen die Antworten bei Ihrer Auswertung nicht weiterhelfen werden. Beschreiben Sie immer exakt, was zu tun ist, um die Fragen zu beantworten.

Neben der Formulierung bestimmt auch die inhaltliche Abfolge der Fragen, die sogenannte Befragungsdramaturgie, den Erfolg Ihrer Einweiseranalyse. Beginnen Sie mit einfach zu beantwortenden und interessanten Fragen. Fassen Sie dabei gleiche Untersuchungsaspekte zu Blöcken zusammen. Verlagern Sie sensible und demografische Angaben an das Ende des Fragebogens. Versuchen Sie zudem, die Antworttypen möglichst gleich zu halten oder Blöcke gleicher Antwortkategorien zu bilden, weil dadurch das Ausfüllen für die Befragten einfacher wird. Zudem gibt es noch weitere Befragungsaspekte:

■ Erwartungs-Zufriedenheits-Vergleich

In den meisten Einweiserbefragungen wird eine eindimensionale Skalierung verwendet, wie sie oben dargestellt wurde. Sie ist ohne Probleme auf eine Vielzahl von Frageninhalten anwendbar, die Ergebnisse können – je nach Ausgestaltung der Skala – mit verschiedenen statistischen Methoden analysiert werden. Der Nachteil dieser Methode liegt jedoch in der fehlenden Möglichkeit, bei der Auswertung konkrete Arbeitsprioritäten für Veränderungen in der Klinikarbeit abzuleiten. Stellen sich zum Beispiel in einer Befragung die Wartezeit auf einen Termin und die Freundlichkeit der Ansprechpartner als gleichermaßen negativ heraus, kann nicht analysiert werden, welches Leistungsmerkmal dringlicher verbessert werden soll. Bezieht sich die negative Kritik der Zuweiser auf mehrere Merkmale, steht das Klinikteam mit seiner Befragung vor der unlösbaren – und gleichzeitig demotivierenden Frage –, wie der ganze Veränderungsbedarf überhaupt bewältigt werden soll. In der Konsequenz unterbleibt dann häufig die Einleitung wichtiger Maßnahmen.

Eindimensionale Skalierungen können nur generelle Bewertungen ermitteln, denn alle Merkmale mit derselben Beurteilung erscheinen auch als gleich wichtig. Dies stimmt allerdings mit der Realität nicht überein. Aus diesem Grund empfiehlt es sich, nicht nur eindimensional den Zufriedenheitsgrad, sondern parallel auch die Wichtigkeit, die ein Merkmal für die Befragten im Hinblick auf die Beurteilung einer Klinik generell hat, zu ermitteln. Durch die Zusammenführung beider Dimensionen – Zufriedenheit und Wichtigkeit – (siehe Tabelle 3) lassen sich die Stärken und Schwächen der Krankenhausleistung sowie die Prioritäten für Modifikationen ableiten (zweidimensionale Skalierung):

- Kernstärken ergeben sich aus einer Merkmalskonstellation, die hohe Wichtigkeits- und Zufriedenheitswerte verbindet. Sie sollten bewahrt und, falls möglich, weiter ausgebaut werden.

- Kernschwächen sind gegeben, wenn die Wichtigkeit hoch, die Zufriedenheit aber gering bewertet wird. Sie müssen umgehend beseitigt werden.

- Ist die Zufriedenheit gering, die Wichtigkeit aber auch, handelt es sich um sogenannte Null-Schwächen, die akut das Leistungsbild nicht beeinflussen und mittelfristig verändert werden sollten.

- Analog ergeben sich Null-Stärken aus Leistungsmerkmalen mit geringer Wichtigkeit und hoher Zufriedenheit. Sie unterstützen den positiven Klinikeindruck, besitzen aber kein wirkliches „Begeisterungspotenzial" für die einweisenden Ärzte. Sie müssen in ihrer Qualität lediglich gesichert werden.

	Wichtigkeit des Merkmals für Ihre grundsätzliche Auswahlentscheidung eines Krankenhauses				Zufriedenheit mit der Leistung unserer Hauses		
	sehr wichtig	wichtig	un-wichtig	voll-kom-men unwich-tig	sehr zufrie-den	zu-frieden	unzu-frieden
Schnel-ligkeit der Termin-vergabe für einen Patien-ten	☐	☐	☐	☐	☐	☐	☐

Tabelle 3: Beispiel für eine zweidimensionale Fragetechnik

Die Ergebnisse lassen sich anschaulich mithilfe eines sogenannten Portfoliodiagramms darstellen (siehe Abbildung 4). Die nummerierten Punkte bezeichnen am Beispiel einer konkreten Befragung die von den Zuweisern beurteilten Leistungsmerkmale, deren Position durch die Werte für die zugemessene Wichtigkeit und Zufriedenheit eindeutig festgelegt wird. Folgende Merkmale wurden untersucht:

1   Ruf des Krankenhauses

2   Regionale Nähe

3   Positive Rückmeldung durch die Patienten

4   Art und Umfang des Leistungsangebotes

5   Apparative Ausstattung

6   Medizinische Qualität

7   Pflegerische Qualität

8   Zuwendung und Menschlichkeit

9   Information der Patienten

10 Zimmerausstattung

11 Sauberkeit im sanitären Bereich

12 Qualität/Auswahl des Essens

13 Aufenthaltsräume/Cafeteria

14 Unterhaltungsangebote

15 Detaillierte Information über das Haus

16 Persönlicher Kontakt zu behandelnden Ärzten

17 Enge Abstimmung von Diagnosen und Therapien

18 Telefonische Erreichbarkeit der ärztlichen Ansprechpartner

19 Feedback während des Aufenthaltes

20 Schneller Entlassungsbrief

21 Fortbildungsangebote

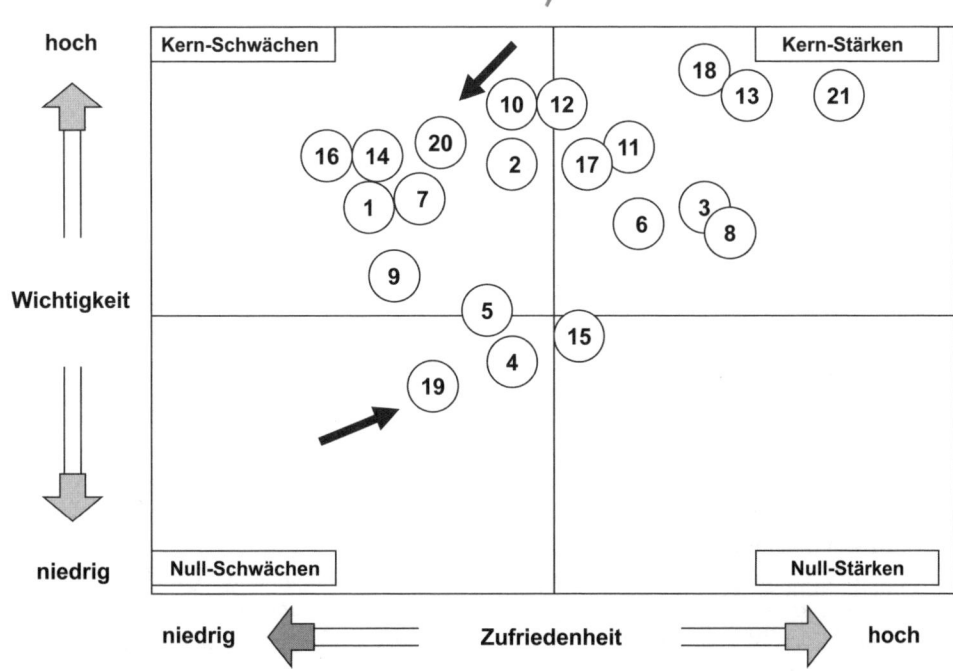

Abbildung 4: Stärken-Schwächen-Portfolio der Ergebnisse einer Einweiserbefragung

In Abbildung 4 werden von der Zufriedenheit her die Werte für die Leistungsmerkmale 19 „Feedback während des Aufenthalts" und 20 „Schneller Entlassungsbrief" von den Zuweisern gleich schlecht bewertet (vertikale Achse). Auf der Grundlage allein dieser Information läge der Schluss nahe, dass beide Parameter gleichwertig negativ sind und verändert werden müssten. Durch die zusätzliche Abfrage der Wichtigkeit ergibt sich jedoch eine eindeutige Prioritätenfolge (horizontale Achse): Merkmal 19 ist eine Null-Schwäche und kann in der Optimierung zurückgestellt werden, Merkmal 20 ist eine Kern-Schwäche und verlangt sofortiges Handeln.

■ Eigenbild-Fremdbild- und Strategie-Vergleich

Gemeinsames Charakteristikum vieler Klinikkonzepte ist, dass sie zum großen Teil sehr stark aus der Sicht des „Unternehmens Krankenhaus" definiert werden. Folglich werden diese Konzepte bei ihrer Umsetzung durch ein bestimmtes Selbstbild der Verantwortlichen über die Art, die Kombination und vor allem die Qualität der Klinikleistungen geprägt. Weniger wird dabei der Standpunkt derjenigen berücksichtigt, die unmittelbar über den Erfolg des Hauses entscheiden: die Zuweiser. Das, was das Krankenhaus leisten soll, wird in der Regel unter Sachaspekten wie Funktionalität, Effizienz oder Kostenstruktur ausgewählt, eingesetzt und gesteuert (Eigenbild). Diese genügen aber zunächst nur den internen Zielkriterien. Einweiserzufriedenheitsanalysen ergänzen diese Sichtweise durch eine detaillierte Ermittlung des Fremdbildes der Zuweiser über die Leistungskomponenten der Klinik. Sie zeigen auf, wie diese Komponenten von den Zuweisern wahrgenommen und beurteilt werden. Erst die analytische Gesamtsicht beider Komponenten (Selbstbild/Fremdbild) ermöglicht die Realisierung eines adäquaten und vor allem erfolgsorientierten Leistungsangebotes.

Darüber hinaus ist es wichtig, auch die strategischen Vorstellungen der Klinikverantwortlichen in die Analyse einzubeziehen und sowohl mit den Einschätzungen als auch der Wichtigkeits-Zufriedenheits-Realität abzugleichen.

Die Angaben hierzu erheben Sie, indem Sie und andere an strategischen Entscheidungen Beteiligte den Einweiserbefragungsbogen zum einen unter der Fragestellung ausfüllen, welche strategische Bedeutung Sie jedem einzelnen Merkmal zur Profilierung Ihrer Klinik beimessen (worauf setzen Sie?), und zum anderen eine Einschätzung vornehmen, wie zufrieden aus Ihrer Sicht die Zuweiser mit den im Bogen aufgeführten Leistungsmerkmalen sind.

– Aus der Gegenüberstellung der Angaben erfahren Sie, in welchem Ausmaß die strategische Bedeutung der untersuchten Leistungsmerkmale der tatsächlichen Einweiserzufriedenheit entspricht (*„Haben wir unsere Ziele erreicht?"*). Bei der Ausgestaltung der Leistungsmerkmale folgen Kliniken unterschiedlichen Prioritäten, um ihre strategischen Ziele zu realisieren. Das eine Haus setzt zum Beispiel verstärkt auf eine intensive persönliche Zuweiserinformation, das andere mehr auf wissenschaftliche Fortbildung. Der Vergleich dieser Ziele mit der Einweiserzufriedenheit zeigt, inwieweit die strategischen Ziele eines Hauses konkret umgesetzt sind.

– Sie erfahren, wie gut zwischen Ihnen und Ihren Kollegen die strategischen Vorstellungen harmonieren: Die Arbeitsqualität hängt ganz entscheidend davon ab, wie sehr die Klinikverantwortlichen in ihren Vorstellungen über die Realisierung des Klinikmanagements übereinstimmen. Ist die Harmonie der Vorstellungen nur gering, kommt es zu einer zerrissenen Führungsstruktur, die aufgrund unterschiedlicher Zielsetzungen die Mitarbeiter immer wieder in Konflikte und Problemsituation bringt, da keine einheitliche Orientierung vorhanden ist. Mittelfristig kann hieraus sogar eine Gruppenbildung resultieren, wenn die unterschiedlichen Zielsetzungen Ausdruck von Konflikten innerhalb der Führung sind.

– Sie erfahren, wie deckungsgleich die definierte strategische Bedeutung der Leistungsmerkmale und die Erwartungen der Zuweiser sind (*„Liegen wir mit unseren Zielen richtig?"*). Dieser Vergleich dient als Indikator für die Realitätsnähe der Klinikziele. Es wird erkennbar, ob die Priorität, die zum Beispiel einer schnellen Zuweiserinformation zugemessen wird, auch den Anforderungen der Zuweiser entspricht.

– Sie erfahren, in welchem Ausmaß die Erwartungen der Zuweiser an die Klinikleistung tatsächlich zur Zufriedenheit erfüllt werden. Mithilfe dieser Angaben wird das Ausmaß der tatsächlichen Zuweiserorientierung gemessen. Zudem können die Prioritäten der Zuweiseranforderungen sowie der Handlungsbedarf bestimmt werden.

■ Benchmarking-Vergleich

Unter Umständen kann es erwünscht sein, die Einweiserzufriedenheit in Bezug auf einzelne Abteilungen zu bestimmen. Diese Untersuchung nennt man internes Benchmarking. Aus dem Vergleich wird deutlich, welchen Beitrag jede Abteilung zur Gesamtzufriedenheit der Zuweiser leistet. Um diesen Vergleich zu ermöglichen, müssen Sie auf dem Fragebogen ein entsprechendes Feld einrichten, in das die behandelnde Abteilung – und damit die zu beurteilende – eingetragen wird. Bei der Fragebogenausgabe muss jedoch darauf geachtet werden, dass je Abteilung die gleiche Anzahl Fragebögen ausgegeben wird, damit später die Analyseergebnisse auch vergleichbar sind.

Eine andere Variante ist das externe Benchmarking. Das in den vorherigen Abschnitten beschriebene Vorgehen erlaubt eine isolierte Bestimmung der Einweiserzufriedenheit. Darüber hinaus ist es aber notwendig, die ermittelte Einweiserzufriedenheit im Vergleich zum relevanten Wettbewerbsumfeld zu betrachten. Als Vergleichsgrößen bieten sich einmal die Zufriedenheitswerte an, die in fachgruppengleichen Kliniken und Abteilungen durchschnittlich erzielt werden. Diesen Vergleichsparameter bezeichnet man als Fachgruppen-Benchmarking. Er ist die Referenzgröße, wenn die Klinikstrategie auf ein Halten der erreichten Positionen ausgerichtet ist. Wird ein Wachstum angestrebt, ist das sogenannte Best-Practice-Benchmarking die als Vergleich heranzuziehende Größe. Sie ergibt sich aus den Einweiserzufriedenheitswerten, die in überdurchschnittlich erfolgreichen Krankenhäusern realisiert werden.

Benchmarkingvergleiche ermöglichen, die eigenen strategischen Vorstellungen über die Einweiserzufriedenheit und die tatsächlich realisierten Werte in den Kontext der generellen Kliniktätigkeit zu stellen. Gerade in Einzugsgebieten mit einer hohen Wettbewerbsintensität, wie man sie zum Beispiel in Innenstadtlagen findet, ist die Orientierung der Einweiserzufriedenheit an Wettbewerbsparametern von besonderer Bedeutung.

Durchführung eines Pre-Tests

Um in Bezug auf den Fragebogen sicherzugehen, sollten Sie zunächst einen Pre-Test durchführen, um so zu erkennen, ob das Befragungskonzept funktioniert, ob die Fragen und Erklärungen verstanden werden und die Antwortmöglichkeiten eindeutig sind. Danach können die Bögen produziert bzw. vervielfältigt werden. Erstellen Sie zu diesem Zweck eine erste Fragebogenversion, und bitten Sie etwa zehn bis 20 Zuweiser, die Sie näher kennen, diesen Bogen auszufüllen. Bitten Sie sie anschließend, Ihnen darüber Auskunft zu geben, ob die Befragung aus ihrer Sicht in dieser Form durchgeführt werden kann oder ob es Veränderungswünsche und -vorschläge gibt. Dieses Vorgehen verzögert den Beginn der Befragung nur wenig, trägt aber entscheidend dazu bei, dass Ihre Analyse möglichst reibungslos abläuft. Darüber hinaus ergeben sich im Rahmen eines solchen Tests auch immer wieder noch zusätzliche Ideen, die in die Befragung einfließen können.

Umsetzung der Einweiserzufriedenheitsbefragung

So aufwändig die bislang geschilderten Aspekte erscheinen mögen, so einfach und reibungslos laufen Einweiserbefragungen ab, wenn sie in den wesentlichen Punkten geplant sind. Ihre Mitarbeiter, die die Aktion betreuen, werden zwar zu Beginn der Aktion über den zusätzlichen Arbeitsaufwand klagen, doch dieser Arbeitsaufwand ist zeitlich eng eingegrenzt. Die im Zuge der Analyse ermittelten Verbesserungsvorschläge werden die weitere Arbeit spürbar erleichtern. Vor der ersten Untersuchung kostet es einige Überwindung, die Zuweiser nach Ihrer Zufriedenheit zu fragen. Aber dieses Gefühl des Sich-Überwinden-Müssens legt sich erfahrungsgemäß relativ schnell, da die meisten zuweisenden Ärzte einer solchen Aktion gegenüber sehr aufgeschlossen sind und es begrüßen, nach ihrer Meinung gefragt zu werden.

Auswertung

Die Auswertung richtet sich nach den von Ihnen gestellten Fragen und den zugehörigen Antwortkategorien. Hierfür können an dieser Stelle aufgrund der Vielfältigkeit der Möglichkeiten keine generellen Hinweise gegeben werden. Arbeitshilfe 10 zeigt Ihnen als Muster, wie eine solche Auswertung auf der Grundlage eines speziellen Fragebogens aussehen kann.

Sind die Angaben der Fragebögen erhoben und ausgewertet, können die daraus resultierenden Maßnahmen eingeleitet werden. Ehe jedoch konkrete Schritte unternommen werden, sollten zunächst die Auswertungsinhalte hausintern publik gemacht und mit allen Beteiligten und Betroffenen das weitere Vorgehen besprochen werden.

Darüber hinaus findet es immer wieder großen Anklang bei den befragten Ärzten, wenn die zentralen Ergebnisse auch ihnen bekannt gegeben werden. Das kann zum Beispiel in Form einer Aussendung erfolgen. Zu beachten ist hierbei, dass eine gute Mischung aus positiven und negativen Ergebnissen aufgeführt wird, um den Eindruck einer „Jubel-Befragung" gar nicht erst aufkommen zu lassen.

Unumgänglich ist es natürlich, dass Sie gegen die identifizierten Kernschwächen Ihrer Klinik auch konkret etwas tun. Werden häufig geäußerte Verbesserungsvorschläge und Negativkritik ignoriert, ist die Bereitschaft von Zuweisern, an Folgebefragungen teilzunehmen, relativ gering und der Effekt Ihrer Befragungen als Marketinginstrument wenig erfolgreich. Insgesamt müssen Sie einkalkulieren, dass sich bei zentralen Veränderungswünschen Ihrer Zuweiser auch konkret etwas im Kooperationsalltag verändert.

Wiederholung von Befragungen

Das Instrument Befragung kann aber nicht nur einmalig, auf einen bestimmten Zeitraum bezogen, wesentliche Analyseergebnisse für die Arbeit Ihres Hauses liefern, sondern auch als sogenanntes Audit für das kontinuierliche Qualitätsmonitoring verwendet werden. Der

Begriff Audit bezeichnet eine regelmäßig durchgeführte Analyse, die es nicht nur ermöglicht, die Bewertung von Leistungsmerkmalen im Zeitablauf zu beobachten, sondern auch messen kann, welchen Erfolg eingeleitete Maßnahmen haben. Ergibt sich beispielsweise in einer Initialbefragung die Kernschwäche, dass Zuweiser zu wenig Informationen über die diagnostischen Möglichkeiten Ihrer Klinik besitzen, und wird, hierauf basierend, die Information intensiviert, kann in einer Folgebefragung überprüft werden, wie diese Maßnahme die Zufriedenheit der Zuweiser beeinflusst.

Musterbefragungen
Eindimensionale Skalierung

Die einfachste Methode zur Durchführung einer Einweiserbefragung ist die Verwendung einer Skalierung in Form von Schulnoten. Ihr Vorteil liegt vor allem darin, dass sie einfach anwend- und auswertbar ist (siehe Arbeitshilfe 7). Um das Fremdbild der zuweisenden Ärzte mit Ihrem Selbstbild abzugleichen, füllen Sie zusätzlich die Arbeitshilfen 8 und 9 aus. Bei der Auswertung gehen Sie dann wie folgt vor:

▶ Tragen Sie in der Zeile „*Klinikschulnote*" in den einzelnen Spalten der Arbeitshilfe 10 die Häufigkeit der jeweiligen Note ein, multiplizieren Sie diesen Häufigkeitswert mit der zugehörigen Note, und teilen Sie die Summe durch die Anzahl der Fragebögen. Tragen Sie den Notendurchschnittswert in die entsprechende Spaltenzelle ein.

▶ Verfahren Sie nach dem gleichen Muster mit den einzelnen Leistungsmerkmalen.

▶ Bestimmte Leistungsmerkmale sind zu Merkmalsgruppen zusammengefasst (zum Beispiel Klinikprofil). Berechnen Sie aus den Durchschnittsnoten der Merkmale einer Gruppe zusätzlich den Gruppendurchschnitt.

▶ Ermitteln Sie zum Abschluss aus den Gruppendurchschnittsnoten den Durchschnitt, und tragen Sie diesen Wert in die entsprechende Zeile der Spalte „*Gesamtzufriedenheitsnote*" ein.

▶ Beachten Sie bei der Interpretation der Gesamtzufriedenheitsnote, dass der Wert als Ausdruck des qualitativen Klinikerfolgs Rückschlüsse auf das Einweiserbindungspotenzial zulässt: Ab einem Wert von 3,1 (Basis: Schulnotenskalierung) steigt die Gefahr des Einweiserverlustes aufgrund von Unzufriedenheit überproportional an!

▶ Erstellen Sie aus den fünf qualitativen Analyserubriken der Arbeitshilfe 7 „*Eindimensionaler Einweiserfragebogen*" („Aus welchem Hauptgrund überweisen Sie Patienten in unsere Klinik?", „Was gefällt Ihnen an der Zusammenarbeit mit uns am besten?", „Was stört Sie oder worüber ärgern Sie sich?", „Was sollte in unserer Klinik auf jeden Fall verbessert und/oder verändert werden?" und „Gibt es aus Ihrer Sicht Verbesserungsvorschläge für die Zusammenarbeit?") Listen analog Arbeitshilfen 11 bis 15. Gehen Sie zu diesem Zweck die Fragebögen einzeln durch, und tragen Sie in die Spalte „Argument" bzw. „Vorschlag" die zugehörigen Aussagen ein. Erfassen Sie mittels Strichliste die Häufigkeit der einzelnen Argumente, und versehen Sie zum Schluss die Punkte der Listen mit einer Priorität, die sich aus der Häufigkeit ableitet. Das am häufigsten genannte Argument erhält die Priorität 1, das zweithäufigste die 2 usw. Auf diese Weise erhalten Sie eine Sortierung nach der Wichtigkeit.

▶ Übertragen Sie zum Schluss Ihre strategischen Angaben sowie Ihre Einschätzungen aus den Arbeitshilfen 8 und 9 in die Spalten der Rubrik „Kliniksicht" (Arbeitshilfe 10).

Wie zufrieden sind Sie mit unserem Krankenhaus?
Fragebogen für zuweisende Ärzte

Sehr geehrte Frau Kollegin, sehr geehrter Herr Kollege,

das Anliegen unserer Klinik und aller Mitarbeiter ist, die Zusammenarbeit mit Ihnen als zuweisendem Arzt partnerschaftlich und effizient zu gestalten, um auf diese Weise Ihren Patienten eine bestmögliche Versorgung zu bieten. Unter dieser Zielsetzung interessiert es uns natürlich, wie Sie unsere Arbeit beurteilen. Deshalb möchten wir Sie bitten, sich zehn Minuten Zeit dafür zu nehmen, den folgenden Fragebogen auszufüllen und an uns zurückzuschicken. Bitte beantworten Sie alle Fragen, entweder durch Ankreuzen der aus Ihrer Sicht am ehesten zutreffenden Antwort oder durch eine kurze stichwortartige Schilderung.

Wir danken schon jetzt für Ihre Mühe.

Mit freundlichen Grüßen

Muster-Klinik

Aus welchem Hauptgrund überweisen Sie Patienten in unsere Klinik?

_____

_____

Was gefällt Ihnen an der Zusammenarbeit mit uns am besten?

_____

_____

Was stört Sie oder worüber ärgern Sie sich?

_____

_____

Was sollte in unserer Klinik auf jeden Fall verbessert und/oder verändert werden?

_____

_____

Gibt es aus Ihrer Sicht Verbesserungsvorschläge für die Zusammenarbeit?

_____

_____

Wenn Sie unsere Klinik mit einer Schulnote beurteilen, welche Note würden Sie vergeben?	□ 1 sehr gut	□ 2 gut	□ 3 be-friedi-gend	□ 4 aus-reichend	□ 5 mangelhaft	□ 6 un-genügend

Bitte geben Sie für die folgenden Merkmale durch Ankreuzen an, wie zufrieden Sie mit der Leistung unserer Klinik waren:						
	sehr zufrieden			sehr unzufrieden		
	1	2	3	4	5	6
Ruf unserer Klinik	☐	☐	☐	☐	☐	☐
Regionale Nähe	☐	☐	☐	☐	☐	☐
Atmosphäre der Klinik	☐	☐	☐	☐	☐	☐
Organisation der Abläufe	☐	☐	☐	☐	☐	☐
Terminvergabe	☐	☐	☐	☐	☐	☐
Positive Rückmeldung durch die Patienten	☐	☐	☐	☐	☐	☐
Art und Umfang des Leistungsangebotes	☐	☐	☐	☐	☐	☐
Apparative Ausstattung	☐	☐	☐	☐	☐	☐
Ärztliche Leistung – diagnostisch-therapeutisch	☐	☐	☐	☐	☐	☐
Ärztliche Leistung – informativ-kommunikativ	☐	☐	☐	☐	☐	☐
Leistung des Personals – arztunterstützend	☐	☐	☐	☐	☐	☐
Leistung des Personals – informativ-kommunikativ	☐	☐	☐	☐	☐	☐
Zuwendung und Freundlichkeit	☐	☐	☐	☐	☐	☐
Information über die Klinik allgemein	☐	☐	☐	☐	☐	☐
Abstimmung von Diagnosen und Therapien	☐	☐	☐	☐	☐	☐
Unterstützung Ihrer Patientenführung	☐	☐	☐	☐	☐	☐
Erreichbarkeit der Ansprechpartner	☐	☐	☐	☐	☐	☐
Rücküberweisungsbrief – Schnelligkeit der Verfügbarkeit	☐	☐	☐	☐	☐	☐
Rücküberweisungsbrief – Inhalte	☐	☐	☐	☐	☐	☐
Fortbildungsveranstaltungen	☐	☐	☐	☐	☐	☐

Arbeitshilfe 7: Eindimensionaler Einweiserfragebogen (Muster)

Bitte geben Sie für die folgenden Merkmale durch Ankreuzen an, welche Note **aus strategischer Sicht** für jedes einzelne Merkmal angestrebt wird:	sehr zufrieden			sehr unzufrieden		
	1	2	3	4	5	6
Ruf unserer Klinik	☐	☐	☐	☐	☐	☐
Regionale Nähe	☐	☐	☐	☐	☐	☐
Atmosphäre der Klinik	☐	☐	☐	☐	☐	☐
Organisation der Abläufe	☐	☐	☐	☐	☐	☐
Terminvergabe	☐	☐	☐	☐	☐	☐
Positive Rückmeldung durch die Patienten	☐	☐	☐	☐	☐	☐
Art und Umfang des Leistungs- angebotes	☐	☐	☐	☐	☐	☐
Apparative Ausstattung	☐	☐	☐	☐	☐	☐
Ärztliche Leistung – diagnostisch-therapeutisch	☐	☐	☐	☐	☐	☐
Ärztliche Leistung – informativ-kommunikativ	☐	☐	☐	☐	☐	☐
Leistung des Personals – arztunterstützend	☐	☐	☐	☐	☐	☐
Leistung des Personals – informativ-kommunikativ	☐	☐	☐	☐	☐	☐
Zuwendung und Freundlichkeit	☐	☐	☐	☐	☐	☐
Information über die Klinik allgemein	☐	☐	☐	☐	☐	☐
Abstimmung von Diagnosen und Therapien	☐	☐	☐	☐	☐	☐
Unterstützung Ihrer Patientenführung	☐	☐	☐	☐	☐	☐
Erreichbarkeit der Ansprechpartner	☐	☐	☐	☐	☐	☐
Rücküberweisungsbrief – Schnelligkeit der Verfügbarkeit	☐	☐	☐	☐	☐	☐
Rücküberweisungsbrief – Inhalte	☐	☐	☐	☐	☐	☐
Fortbildungsveranstaltungen	☐	☐	☐	☐	☐	☐

Arbeitshilfe 8: Muster für die Erhebung der Einweisungsstrategie (Selbstbild)

Bitte nehmen Sie für die folgenden Merkmale durch Ankreuzen eine Einschätzung vor, wie zufrieden **die zuweisenden Ärzte** mit den aufgeführten Leistungsmerkmalen sind:						
	sehr zufrieden			sehr unzufrieden		
	1	2	3	4	5	6
Ruf unserer Klinik	□	□	□	□	□	□
Regionale Nähe	□	□	□	□	□	□
Atmosphäre der Klinik	□	□	□	□	□	□
Organisation der Abläufe	□	□	□	□	□	□
Terminvergabe	□	□	□	□	□	□
Positive Rückmeldung durch die Patienten	□	□	□	□	□	□
Art und Umfang des Leistungsangebotes	□	□	□	□	□	□
Apparative Ausstattung	□	□	□	□	□	□
Ärztliche Leistung – diagnostisch-therapeutisch	□	□	□	□	□	□
Ärztliche Leistung – informativ-kommunikativ	□	□	□	□	□	□
Leistung des Personals – arztunterstützend	□	□	□	□	□	□
Leistung des Personals – informativ-kommunikativ	□	□	□	□	□	□
Zuwendung und Freundlichkeit	□	□	□	□	□	□
Information über die Klinik allgemein	□	□	□	□	□	□
Abstimmung von Diagnosen und Therapien	□	□	□	□	□	□
Unterstützung Ihrer Patientenführung	□	□	□	□	□	□
Erreichbarkeit der Ansprechpartner	□	□	□	□	□	□
Rücküberweisungsbrief – Schnelligkeit der Verfügbarkeit	□	□	□	□	□	□
Rücküberweisungsbrief – Inhalte	□	□	□	□	□	□
Fortbildungsveranstaltungen	□	□	□	□	□	□

Arbeitshilfe 9: Muster für die Einschätzung der Zuweiserzufriedenheit aus Kliniksicht

Auswertungsschema Einweiserzufriedenheitsbefragung		Notenhäufigkeit						Notendurchschnitt Kliniksicht	Strategie	Einschätzung
		1	2	3	4	5	6			
Klinikschulnote		□	□	□	□	□	□			
Klinikprofil	Ruf der Klinik	□	□	□	□	□	□			
	Regionale Nähe	□	□	□	□	□	□			
	Atmosphäre der Klinik	□	□	□	□	□	□			
	Organisation der Abläufe	□	□	□	□	□	□			
	Terminvergabe	□	□	□	□	□	□			
	Positive Rückmeldung durch die Patienten	□	□	□	□	□	□			
	Klinikprofil gesamt									
Klinikleistung	Art und Umfang des Leistungsangebotes	□	□	□	□	□	□			
	Apparative Ausstattung	□	□	□	□	□	□			
	Ärztliche Leistung – diagnostisch-therapeutisch	□	□	□	□	□	□			
	Ärztliche Leistung – informativ-kommunikativ	□	□	□	□	□	□			
	Leistung des Personals – arztunterstützend	□	□	□	□	□	□			
	Leistung des Personals – informativ-kommunikativ	□	□	□	□	□	□			
	Zuwendung und Freundlichkeit	□	□	□	□	□	□			

	Klinikleistung gesamt						
Kooperation	Information über die Klinik allgemein	☐	☐	☐	☐	☐	☐
	Abstimmung von Diagnosen und Therapien	☐	☐	☐	☐	☐	☐
	Unterstützung der Patientenführung des zuweisenden Arztes	☐	☐	☐	☐	☐	☐
	Erreichbarkeit Ansprechpartner	☐	☐	☐	☐	☐	☐
	Rücküberweisungsbrief – Schnelligkeit der Verfügbarkeit	☐	☐	☐	☐	☐	☐
	Rücküberweisungs-brief – Inhalte	☐	☐	☐	☐	☐	☐
	Fortbildungsveranstaltungen	☐	☐	☐	☐	☐	☐
	Kooperation gesamt						
Gesamtzufriedenheitsnote							

Arbeitshilfe 10: Auswertungsschema für eine eindimensionale Einweiserbefragung

Hauptgründe für die Zuweisungsentscheidung		
Argument	Anzahl	Priorität

Arbeitshilfe 11: Auswertungsformular zu den Hauptgründen für die Zuweisungsentscheidung

Was gefällt Ihnen an der Zusammenarbeit mit uns am besten?		
Argument	Anzahl	Priorität

Arbeitshilfe 12: Auswertungsformular Klinikstärken

Was stört Sie oder worüber ärgern Sie sich?		
Argument	Anzahl	Priorität

Arbeitshilfe 13: Auswertungsformular Klinikschwächen

Was sollte in unserer Klinik auf jeden Fall verbessert und/oder verändert werden?		
Argument	Anzahl	Priorität

Arbeitshilfe 14: Auswertungsformular zu den generellen Veränderungshinweisen

Gibt es aus Ihrer Sicht Verbesserungsvorschläge für die Zusammenarbeit?		
Argument	Anzahl	Priorität

Arbeitshilfe 15: Auswertungsformular zu den Verbesserungsvorschlägen bezüglich der Zusammenarbeit

Zweidimensionale Skalierung

Die folgende Musterbefragung zeigt Ihnen, wie Sie eine auf einem zweidimensional an-
gelegten Fragebogen basierende Zufriedenheitsuntersuchung auswerten können. Hierfür
sind folgende Unterlagen vorbereitet:

- ein Musterbegleitbrief (Arbeitshilfe 16),

- ein Einweiserbefragungsbogen (Arbeitshilfe 17) und

- ein Arzt-Strategie- und Einschätzbogen (Arbeitshilfe 18).

Mithilfe dieser Materialien können Sie eine vollständige Einweiserbefragungsaktion
durchführen. Gehen Sie dabei wie folgt vor:

▶ Führen Sie Ihre Befragung mithilfe des Einweiserbogens durch.

▶ Füllen Sie den Arzt-Strategie- und Einschätzbogen aus, bitten Sie gegebenenfalls Ihre
  Kollegen, das Gleiche zu tun.

Herrn

Dr. med. _____

_____

_____

, den _____

Ihre Erwartungen an unsere Praxis

Sehr geehrter Herr Dr. _____,

das Anliegen unserer Praxis und aller Mitarbeiter ist, die Zusammenarbeit mit Ihnen als überweisendem Arzt partnerschaftlich und effizient zu gestalten, um auf diese Weise Ihren Patienten eine bestmögliche Versorgung zu bieten. Unter dieser Zielsetzung interessiert uns natürlich, wie Sie unsere Arbeit beurteilen.

Deshalb möchten wir Sie bitten, sich einige Minuten Zeit zu nehmen, um den folgenden Fragebogen auszufüllen und ihn mithilfe des beigefügten frankierten Rückumschlags an uns möglichst bis spätestens zum _____zurückzuschicken. Bitte beantworten Sie alle Fragen, entweder durch Ankreuzen der aus Ihrer Sicht am ehesten zutreffenden Antwort oder durch eine kurze stichwortartige Schilderung.

Wir danken schon jetzt für Ihre Mühe. Selbstverständlich werden wir Sie über die Ergebnisse der Untersuchung und unsere hieraus resultierenden Aktivitäten zur weiteren Verbesserung unserer Zusammenarbeit informieren.

Mit freundlichen Grüßen

Anlagen: Fragebogen, Rückumschlag

Arbeitshilfe 16: Muster für einen Einweiserbefragungsbegleitbrief

Fragebogen für zuweisende niedergelassene Ärzte

Wie viele Ihrer Patienten überweisen Sie durchschnittlich pro Monat in unsere Abteilung?

Ca.____Patienten

Aus welchem Hauptgrund weisen Sie Patienten in unsere Abteilung ein?

_____

_____

Welche Kontakte haben Sie zu unserer Abteilung?

□ Über meine Patienten

□ Persönlicher Kontakt zu Ärzten

□ Teilnahme an Krankenhaus-Veranstaltungen (Tag der offenen Tür, Fortbildung etc.)

Was gefällt Ihnen an der Zusammenarbeit mit unserer Abteilung am besten?

_____

_____

Was stört Sie am meisten oder worüber ärgern Sie sich am meisten?

_____

_____

Was könnten oder sollten wir Ihrer Meinung nach an unserer Klinik verbessern?

_____

_____

Bitte geben Sie für die folgenden Merkmale in der Rubrik „Wichtigkeit" an, wie groß deren jeweilige Bedeutung für Sie grundsätzlich im Hinblick auf eine Einweisungsentscheidung ist und vermerken Sie immer zusätzlich in der zweiten Rubrik „Zufriedenheit", wie Sie das entsprechende Merkmal in unserem Haus bewerten.

	Wichtigkeit für Ihre Einweisungsentscheidung generell				Zufriedenheit mit der Leistung unserer Abteilung			
	sehr wichtig	wichtig	unwichtig	vollkommen unwichtig	sehr zufrieden	zufrieden	unzufrieden	sehr unzufrieden
Allgemeines								
Ruf des Krankenhauses	☐	☐	☐	☐	☐	☐	☐	☐
Regionale Nähe	☐	☐	☐	☐	☐	☐	☐	☐
Positive Rückmeldung durch die Patienten	☐	☐	☐	☐	☐	☐	☐	☐
Krankenhausleistung								
Art und Umfang des Leistungsangebotes	☐	☐	☐	☐	☐	☐	☐	☐
Apparative Ausstattung	☐	☐	☐	☐	☐	☐	☐	☐
Medizinische Qualität	☐	☐	☐	☐	☐	☐	☐	☐
Pflegerische Qualität	☐	☐	☐	☐	☐	☐	☐	☐
Zuwendung und Menschlichkeit	☐	☐	☐	☐	☐	☐	☐	☐
Information der Patienten	☐	☐	☐	☐	☐	☐	☐	☐
Aufenthalt der Patienten								
Zimmerausstattung	☐	☐	☐	☐	☐	☐	☐	☐
Sauberkeit im sanitären Bereich	☐	☐	☐	☐	☐	☐	☐	☐

Qualität/Auswahl des Essens	☐	☐	☐	☐	☐	☐
Aufenthaltsräume/Cafeteria	☐	☐	☐	☐	☐	☐
Unterhaltungsangebote	☐	☐	☐	☐	☐	☐
Kooperation						
Detaillierte Information on über das Haus	☐	☐	☐	☐	☐	☐
Persönlicher Kontakt zu behandelnden Ärzten	☐	☐	☐	☐	☐	☐
Enge Abstimmung von Diagnosen und Therapien	☐	☐	☐	☐	☐	☐
Telefonische Erreichbarkeit der ärztlichen Ansprechpartner	☐	☐	☐	☐	☐	☐
Feedback während des Aufenthaltes	☐	☐	☐	☐	☐	☐
Schneller Entlassungsbrief	☐	☐	☐	☐	☐	☐
Fortbildungsangebote	☐	☐	☐	☐	☐	☐

Alter: _____ Jahre

Geschlecht: ☐ weiblich ☐ männlich

Fachrichtung: _____

Niederlassungsjahr: _____

Arbeitshilfe 17: Zweidimensionaler Einweiserfragebogen (Muster)

Bitte kreuzen Sie für die folgenden Klinik-Leistungsmerkmale in Spalte 1 an, welche strategische Bedeutung Sie jedem einzelnen Merkmal zur Profilierung Ihrer Klinik beimessen (worauf setzen Sie?), und nehmen Sie in Spalte 2 eine Einschätzung vor, wie zufrieden aus Ihrer Sicht die Zuweiser mit dem jeweiligen Faktor sind.

	Spalte 1 Strategische Bedeutung zur Klinikprofilierung				Spalte 2 Einschätzung der Zuweiserzufriedenheit mit der Klinikleistung			
	sehr wichtig	wichtig	unwichtig	vollkommen unwichtig	sehr zufrieden	zufrieden	unzufrieden	sehr unzufrieden
Allgemeines								
Ruf des Krankenhauses	☐	☐	☐	☐	☐	☐	☐	☐
Regionale Nähe	☐	☐	☐	☐	☐	☐	☐	☐
Positive Rückmeldung durch die Patienten	☐	☐	☐	☐	☐	☐	☐	☐
Krankenhausleistung								
Art und Umfang des Leistungsangebotes	☐	☐	☐	☐	☐	☐	☐	☐
Apparative Ausstattung	☐	☐	☐	☐	☐	☐	☐	☐

Medizinische Qualität	□	□	□	□	□	□
Pflegerische Qualität	□	□	□	□	□	□
Zuwendung und Menschlichkeit	□	□	□	□	□	□
Information der Patienten	□	□	□	□	□	□
Aufenthalt der Patienten						
Zimmerausstattung	□	□	□	□	□	□
Sauberkeit im sanitären Bereich	□	□	□	□	□	□
Qualität/Auswahl des Essens	□	□	□	□	□	□
Aufenthaltsräume/Cafeteria	□	□	□	□	□	□
Unterhaltungsangebote	□	□	□	□	□	□
Kooperation						
Detaillierte Information über das Haus	□	□	□	□	□	□
Persönlicher Kontakt zu behandelnden Ärzten	□	□	□	□	□	□
Enge Abstimmung von Diagnosen und Therapien	□	□	□	□	□	□
Telefonische Erreichbarkeit der ärztlichen Ansprechpartner	□	□	□	□	□	□
Feedback während des Aufenthaltes	□	□	□	□	□	□
Schneller Entlassungsbrief	□	□	□	□	□	□
Fortbildungsangebote	□	□	□	□	□	□

Arbeitshilfe 18: Strategie- und Einschätzbogen zur klinikinternen Sicht

Für die Auswertung müssen Sie nun in allen Fragebögen die angekreuzten Angaben in Zahlenwerte umwandeln, um die Angaben berechnen und miteinander vergleichen zu können. In Tabelle 4 finden Sie das hierfür benötigte Zuordnungsschema.

Beurteilungskategorie	Punktwert
sehr hoch/sehr wichtig	+ 2
hoch/wichtig	+ 1
gering/unwichtig	– 1
vollkommen unzufrieden/ vollkommen unwichtig	– 2

Tabelle 4: Zuordnungsschema

Beginnen Sie am besten mit dem Auszählen der angekreuzten Positionen. Erfassen Sie die Häufigkeit der Nennungen in Strichlistenform mithilfe von Arbeitshilfe 19. Tabelle 5 zeigt Ihnen ein Auswertungsbeispiel. Fahren Sie danach mit der Auszählung der Zufriedenheitswerte fort (Arbeitshilfe 20), gefolgt von den Mitarbeitereinschätzungen (Arbeitshilfe 21). Sollen in Ihrer Klinik mehrere Ärzte zur Strategie und zum Eigenbild befragt werden, steht Ihnen das Arbeitshilfe 22 zur Verfügung, um Ihre gemeinsame strategische Linie sowie Ihre Einschätzungen zu erfassen.

Nun besteht eine Vielzahl von Möglichkeiten, die Ergebnisse in einer vergleichenden Gesamtübersicht darzustellen. Hierzu einige *Beispiele*:

- Sie können die ermittelten Werte in Form einer Tabelle zusammenfassen (siehe Tabelle 5) und einander gegenüberstellen (Arbeitshilfe 23).

- Verwenden Sie für die verschiedenen Datenbereiche (Zuweiser, Strategie) verschiedenfarbige Stifte, und kennzeichnen Sie die ermittelten Werte mithilfe von Punkten (Arbeitshilfe 24). Sie erhalten dann ein grafisches Profil Ihrer Ergebnisse.

- Bilden Sie je untersuchtem Merkmal ein Wertepaar aus der ermittelten Wichtigkeit und Zufriedenheit. Markieren Sie die Position jedes Paares durch einen Kreis in Arbeitshilfe 25. Kennzeichnen Sie die einzelnen Kreise mit der in der Tabellenlegende aufgeführten Nummer, sodass die einzelnen Leistungsmerkmale später identifizierbar sind.

- Bilden Sie – wie im vorherigen Punkt – Wertepaare, diesmal aus den Merkmalsgruppen „Wichtigkeit" und „Strategie" (Arbeitshilfe 26). Hieraus erkennen Sie, wie sehr Ihre Vorstellungen mit dem Wertesystem Ihrer Zuweiser übereinstimmen.

- Eine weitere Option ist, Ihre eigenen Einschätzungen und die Ihrer Kollegen einander gegenüberzustellen, um zu ermitteln, wo Harmonie und wo Disharmonie bestehen (Arbeitshilfe 27).

■ Werten Sie die Freitextaussagen Ihrer Zuweiser aus. Arbeitshilfe 28 zeigt ein Beispiel für die Analyse der Positivaussagen. Suchen Sie für die einzelnen Aussagen Überschriften (zum Beispiel kompetente Beratung etc.), die die unterschiedlich formulierten Inhalte am besten wiedergeben, und vermerken Sie diese Cluster in der Tabelle. Zählen Sie gleichzeitig aus, wie häufig die einzelnen Punkte genannt werden, und nummerieren Sie zum Schluss die Nennungsrubriken in absteigender Reihenfolge (Priorität). So erkennen Sie auch auf qualitativem Weg, wo Ihre Stärken liegen.

■ Die Arbeitshilfen 29 und 30 zeigen Ihnen das Vorgehen im Hinblick auf Zuweiserkritik und -verbesserungsvorschläge.

Merkmal	Sehr wichtig		Wichtig		Unwichtig		Sehr unwichtig		Ergebnis
	(1) Anzahl	(2) Anzahl x 2	(3) Anzahl	(4) Anzahl x 1	(5) Anzahl	(6) Anzahl x (-1)	(7) Anzahl	(8) Anzahl x (-2)	(2)+(4)+(6)+(8) / (1)+(3)+(5)+(7)
Ruf des Krankenhauses									
Regionale Nähe									
Positive Rückmeldung durch die Patienten									
Art und Umfang des Leistungsangebotes									
Apparative Ausstattung									
Medizinische Qualität									
Pflegerische Qualität									
Zuwendung und Menschlichkeit									
Information der Patienten									
Zimmerausstattung									

Sauberkeit im sanitären Bereich									
Qualität/Auswahl des Essens									
Aufenthaltsräume/ Cafeteria									
Unterhaltungsangebote									
Detaillierte Information über das Haus									
Persönlicher Kontakt zu behandelnden Ärzten									
Enge Abstimmung von Diagnosen und Therapien									
Telefonische Erreichbarkeit der ärztlichen Ansprechpartner									
Feedback während des Aufenthaltes									
Schneller Entlassungsbrief									
Fortbildungsangebote									

Arbeitshilfe 19: Erfassungs- und Berechnungstabelle für die Merkmalswichtigkeit

Merkmal	Sehr wichtig		Wichtig		Unwichtig		Sehr unwichtig		Ergebnis
	(1) Anzahl	(2) Anzahl x 2	(3) Anzahl	(4) Anzahl x 1	(5) Anzahl	(6) Anzahl x (-1)	(7) Anzahl x (-2)	(8) Anzahl x (-2)	(2)+(4)+(6)+(8) (1)+(3)+(5)+(7)
Information über den Praxisablauf	IIIIIIIIII IIIIIIIIII IIIIIIIIII IIIIIII 43	86	22	22	IIIIIIII IIIIIIII 16	-16	IIIIIIII 9	-18	86 + 22 + (-16) + (-18) 43 + 22 + 16 + 9

Tabelle 5: Beispielauswertung

Merkmal	Sehr zufrieden		Zufrieden		Unzufrieden		Sehr unzufrieden		Ergebnis
	(1) Anzahl	(2) Anzahl x 2	(3) Anzahl	(4) Anzahl x 1	(5) Anzahl	(6) Anzahl x (-1)	(7) Anzahl	(8) Anzahl x (-2)	(2)+(4)+(6)+(8) (1)+(3)+(5)+(7)
Ruf des Krankenhauses									
Regionale Nähe									
Positive Rückmeldung durch die Patienten									
Art und Umfang des Leistungsangebotes									

Apparative Ausstattung								
Medizinische Qualität								
Pflegerische Qualität								
Zuwendung und Menschlichkeit								
Information der Patienten								
Zimmerausstattung								
Sauberkeit im sanitären Bereich								
Qualität/Auswahl des Essens								
Aufenthaltsräume/Cafeteria								
Unterhaltungsangebote								
Detaillierte Information über das Haus								
Persönlicher Kontakt zu behandelnden Ärzten								
Enge Abstimmung von Diagnosen und Therapien								
Telefonische Erreichbarkeit der ärztlichen Ansprechpartner								
Feedback während des Aufenthaltes								
Schneller Entlassungsbrief								
Fortbildungsangebote								

Arbeitshilfe 20: Erfassungs- und Berechnungstabelle für die Zuweiserzufriedenheit

Merkmal	Sehr zufrieden		Zufrieden		Unzufrieden		Sehr unzufrieden		Ergebnis
	(1) Anzahl	(2) Anzahl x 2	(3) Anzahl	(4) Anzahl x 1	(5) Anzahl	(6) Anzahl x (-1)	(7) Anzahl	(8) Anzahl x (-2)	(2)+(4)+(6)+(8) (1)+(3)+(5)+(7)
Ruf des Krankenhauses									
Regionale Nähe									
Positive Rückmeldung durch die Patienten									
Art und Umfang des Leistungsangebotes									
Apparative Ausstattung									
Medizinische Qualität									
Pflegerische Qualität									
Zuwendung und Menschlichkeit									
Information der Patienten									
Zimmerausstattung									

Sauberkeit im sanitären Bereich										
Qualität/Auswahl des Essens										
Aufenthaltsräume/ Cafeteria										
Unterhaltungsangebote										
Detaillierte Information über das Haus										
Persönlicher Kontakt zu behandelnden Ärzten										
Enge Abstimmung von Diagnosen und Therapien										
Telefonische Erreich-barkeit der ärztlichen Ansprechpartner										
Feedback während des Aufenthaltes										
Schneller Entlassungs-brief										
Fortbildungsangebote										

Arbeitshilfe 21: Erfassungs- und Berechnungstabelle für die Einschätzungen der Klinikerwartungen

Merkmal	Sehr zufrieden		Zufrieden		Unzufrieden		Sehr unzufrieden		Ergebnis
	(1) Anzahl	(2) Anzahl x 2	(3) Anzahl	(4) Anzahl x 1	(5) Anzahl	(6) Anzahl x (-1)	(7) Anzahl	(8) Anzahl x (-2)	(2)+(4)+(6)+(8) / (1)+(3)+(5)+(7)
Ruf des Krankenhauses									
Regionale Nähe									
Positive Rückmeldung durch die Patienten									
Art und Umfang des Leistungsangebotes									
Apparative Ausstattung									
Medizinische Qualität									
Pflegerische Qualität									
Zuwendung und Menschlichkeit									
Information der Patienten									
Zimmerausstattung									

Sauberkeit im sanitären Bereich										
Qualität/Auswahl des Essens										
Aufenthaltsräume/ Cafeteria										
Unterhaltungsangebote										
Detaillierte Information über das Haus										
Persönlicher Kontakt zu behandelnden Ärzten										
Enge Abstimmung von Diagnosen und Therapien										
Telefonische Erreichbarkeit der ärztlichen Ansprechpartner										
Feedback während des Aufenthaltes										
Schneller Entlassungsbrief										
Fortbildungsangebote										

Arbeitshilfe 22: Erfassungs- und Berechnungstabelle für die strategische Bedeutung

Merkmal	Erzielte Punktwerte aus			
	Merkmals-wichtigkeit (Arbeitsblatt 19)	Zuweiserzu-friedenheit (Arbeitsblatt 20)	Klinikerwartung (Arbeitsblatt 21)	Strategische Bedeutung (Arbeitsblatt 22)
Ruf des Krankenhauses				
Regionale Nähe				
Positive Rückmeldung durch die Patienten				
Art und Umfang des Leistungsangebotes				
Apparative Ausstattung				
Medizinische Qualität				
Pflegerische Qualität				
Zuwendung und Menschlichkeit				

Information der Patienten											
Zimmerausstattung											
Sauberkeit im sanitären Bereich											
Qualität/Auswahl des Essens											
Aufenthaltsräume/Cafeteria											
Unterhaltungsangebote											
Detaillierte Information über das Haus											
Persönlicher Kontakt zu behandelnden Ärzten											
Enge Abstimmung von Diagnosen und Therapien											
Telefonische Erreichbarkeit der ärztlichen Ansprechpartner											
Feedback während des Aufenthaltes											
Schneller Entlassungsbrief											
Fortbildungsangebote											

Arbeitshilfe 23: Tabellarische Ergebnisübersicht

Merkmal	Skalierung						
	- 2	- 1,5	- 1	0	1	1,5	2
Ruf des Krankenhauses							
Regionale Nähe							
Positive Rückmeldung durch die Patienten							
Art und Umfang des Leistungsangebotes							
Apparative Ausstattung							
Medizinische Qualität							
Pflegerische Qualität							
Zuwendung und Menschlichkeit							
Information der Patienten							
Zimmerausstattung							
Sauberkeit im sanitären Bereich							
Qualität/Auswahl des Essens							
Aufenthaltsräume/Cafeteria							
Unterhaltungsangebote							
Detaillierte Information über das Haus							
Persönlicher Kontakt zu behandelnden Ärzten							
Enge Abstimmung von Diagnosen und Therapien							
Telefonische Erreichbarkeit der ärztlichen Ansprechpartner							
Feedback während des Aufenthaltes							
Schneller Entlassungsbrief							
Fortbildungsangebote							
	- 2	- 1,5	- 1	0	1	1,5	2

Arbeitshilfe 24: Grafische Ergebnisübersicht

	Kernschwächen	Kernstärken
+ 2		
+ 1		
Zufriedenheit − 1	Null-Schwächen	Null-Stärken
− 2		

	− 2	− 1	Wichtigkeit	1	2

Legende:

1 Ruf des Krankenhauses

2 Regionale Nähe

3 Positive Rückmeldung durch die Patienten

4 Art und Umfang des Leistungsangebotes

5 Apparative Ausstattung

6 Medizinische Qualität

7 Pflegerische Qualität

8 Zuwendung und Menschlichkeit

9 Information der Patienten

10 Zimmerausstattung

11 Sauberkeit im sanitären Bereich

12 Qualität/Auswahl des Essens

13 Aufenthaltsräume/Cafeteria

14 Unterhaltungsangebote

15 Detaillierte Information über das Haus

16 Persönlicher Kontakt zu behandelnden Ärzten

17 Enge Abstimmung von Diagnosen und Therapien

18 Telefonische Erreichbarkeit der ärztlichen Ansprechpartner

19 Feedback während des Aufenthaltes

20 Schneller Entlassungsbrief

21 Fortbildungsangebote

Arbeitshilfe 25: Wichtigkeits-Zufriedenheits-Portfolio

Strategie					
+ 2	Strategie-Fehlerbereich (Überschätzung)		Strategie = Wichtigkeit		
+ 1					
Strategie **− 1**	Strategie = Wichtigkeit		Strategie-Fehlerbereich (Unterschätzung)		
− 2					
	− 2	− 1	Wichtigkeit	1	2

Legende:

1 Ruf des Krankenhauses
2 Regionale Nähe
3 Positive Rückmeldung durch die Patienten
4 Art und Umfang des Leistungsangebotes
5 Apparative Ausstattung
6 Medizinische Qualität
7 Pflegerische Qualität
8 Zuwendung und Menschlichkeit
9 Information der Patienten
10 Zimmerausstattung
11 Sauberkeit im sanitären Bereich
12 Qualität/Auswahl des Essens
13 Aufenthaltsräume/Cafeteria
14 Unterhaltungsangebote
15 Detaillierte Information über das Haus
16 Persönlicher Kontakt zu behandelnden Ärzten
17 Enge Abstimmung von Diagnosen und Therapien
18 Telefonische Erreichbarkeit der ärztlichen Ansprechpartner
19 Feedback während des Aufenthaltes
20 Schneller Entlassungsbrief
21 Fortbildungsangebote

Arbeitshilfe 26: Strategie-Wichtigkeits-Portfolio

	Teamdisharmonie	Teamharmonie
+ 2		
+ 1		
Arzt	Teamharmonie	Teamdisharmonie
− 1		
− 2		

	− 2	− 1	Mitarbeiter	1	2

Legende:

1 Ruf des Krankenhauses

2 Regionale Nähe

3 Positive Rückmeldung durch die Patienten

4 Art und Umfang des Leistungsangebotes

5 Apparative Ausstattung

6 Medizinische Qualität

7 Pflegerische Qualität

8 Zuwendung und Menschlichkeit

9 Information der Patienten

10 Zimmerausstattung

11 Sauberkeit im sanitären Bereich

12 Qualität/Auswahl des Essens

13 Aufenthaltsräume/Cafeteria

14 Unterhaltungsangebote

15 Detaillierte Information über das Haus

16 Persönlicher Kontakt zu behandelnden Ärzten

17 Enge Abstimmung von Diagnosen und Therapien

18 Telefonische Erreichbarkeit der ärztlichen Ansprechpartner

19 Feedback während des Aufenthaltes

20 Schneller Entlassungsbrief

21 Fortbildungsangebote

Arbeitshilfe 27: Vergleich von Arzteinschätzungen

Antworten auf die Frage "Was gefällt Ihnen an der Zusammenarbeit mit unserer Klinik am besten?"		
Zuweiseraussagen	Häufigkeit der Nennung	Priorität

Arbeitshilfe 28: Auswertung positiver Zuweiseraussagen

Antworten auf die Frage „Was stört Sie am meisten oder worüber ärgern Sie sich am meisten?"		
Zuweiseraussagen	Häufigkeit der Nennung	Priorität

Arbeitshilfe 29: Auswertung negativer Zuweiseraussagen

Antworten auf die Frage "Was könnten oder sollten wir Ihrer Meinung nach an unserer Klinik verbessern?"		
Zuweiseraussagen	Häufigkeit der Nennung	Priorität

Arbeitshilfe 30: Auswertung der Verbesserungsvorschläge

Arbeitshilfe 31 zeigt, wie der Fragebogen der Musterauswertung um eine Marketingabfrage und um die Analyse der Zuweisungsbereitschaft ergänzt werden kann.

Fragebogen für zuweisende niedergelassene Ärzte

Wie viele Ihrer Patienten überweisen Sie durchschnittlich pro Monat in unsere Abteilung?

Ca._____Patienten

Aus welchem Hauptgrund weisen Sie Patienten in unsere Abteilung ein?
_____
_____

Welche Kontakte haben Sie zu unserer Abteilung?
☐ Über meine Patienten
☐ Persönlicher Kontakt zu Ärzten
☐ Teilnahme an Krankenhaus-Veranstaltungen (Tag der offenen Tür, Fortbildung etc.)

Was gefällt Ihnen an der Zusammenarbeit mit unserer Abteilung am besten?
_____
_____

Was stört Sie am meisten oder worüber ärgern Sie sich am meisten?
_____
_____

Was könnten oder sollten wir Ihrer Meinung nach an unserer Klinik verbessern?
_____
_____

Ist Ihnen bekannt, dass unsere Klinik folgende Leistungen anbietet?	
Leistungsmerkmal 1	□ Ist mir bekannt □ Ist mir nicht bekannt
Leistungsmerkmal 2	□ Ist mir bekannt □ Ist mir nicht bekannt
Leistungsmerkmal 3	□ Ist mir bekannt □ Ist mir nicht bekannt
Leistungsmerkmal 4	□ Ist mir bekannt □ Ist mir nicht bekannt

Bewertet auf einer Skala von 0 (absolut unwahrscheinlich) bis 10 (sehr wahrschein-lich), wie wahrscheinlich ist es, dass Sie auch weiterhin unserer Klinik Patienten zuweisen? (Bitte kreuzen Sie den Ihrer Meinung entsprechenden Wert an)

Absolut unwahrscheinlich										Sehr wahrscheinlich
0	1	2	3	4	5	6	7	8	9	10
□	□	□	□	□	□	□	□	□	□	□

Bitte geben Sie für die folgenden Merkmale in der Rubrik „Wichtigkeit" an, wie groß deren jeweilige Bedeutung für Sie grundsätzlich im Hinblick auf eine Einweisungsentscheidung ist und vermerken Sie immer zusätzlich in der zweiten Rubrik „Zufriedenheit", wie Sie das entsprechende Merkmal in unserem Haus bewerten.

	Wichtigkeit für Ihre Einweisungsentscheidung generell				Zufriedenheit mit der Leistung unserer Abteilung			
	sehr wichtig	wichtig	unwichtig	vollkommen unwichtig	sehr zufrieden	zufrieden	unzufrieden	sehr unzufrieden
Allgemeines								
Ruf des Krankenhauses	□	□	□	□	□	□	□	□
Regionale Nähe	□	□	□	□	□	□	□	□
Positive Rückmeldung durch die Patienten	□	□	□	□	□	□	□	□
Krankenhausleistung								
Art und Umfang des Leistungsangebotes	□	□	□	□	□	□	□	□
Apparative Ausstattung	□	□	□	□	□	□	□	□
Medizinische Qualität	□	□	□	□	□	□	□	□
Pflegerische Qualität	□	□	□	□	□	□	□	□
Zuwendung und Menschlichkeit	□	□	□	□	□	□	□	□
Information der Patienten	□	□	□	□	□	□	□	□

	Wichtigkeit für Ihre Einweisungsentscheidung generell				Zufriedenheit mit der Leistung unserer Abteilung			
	sehr wichtig	wichtig	unwichtig	vollkommen unwichtig	sehr zufrieden	zufrieden	unzufrieden	sehr unzufrieden
Zimmerausstattung	☐	☐	☐	☐	☐	☐	☐	☐
Sauberkeit im sanitären Bereich	☐	☐	☐	☐	☐	☐	☐	☐
Qualität/Auswahl des Essens	☐	☐	☐	☐	☐	☐	☐	☐
Aufenthaltsräume/Cafeteria	☐	☐	☐	☐	☐	☐	☐	☐
Unterhaltungsangebote	☐	☐	☐	☐	☐	☐	☐	☐
Kooperation								
Detaillierte Information über das Haus	☐	☐	☐	☐	☐	☐	☐	☐
Persönlicher Kontakt zu behandelnden Ärzten	☐	☐	☐	☐	☐	☐	☐	☐
Enge Abstimmung von Diagnosen und Therapien	☐	☐	☐	☐	☐	☐	☐	☐
Telefonische Erreichbarkeit der ärztlichen Ansprechpartner	☐	☐	☐	☐	☐	☐	☐	☐

Feedback während des Aufenthaltes	□	□	□	□	□	□
Schneller Entlassungsbrief	□	□	□	□	□	□
Fortbildungsangebote	□	□	□	□	□	□

Alter: _____ Jahre   Geschlecht: □ weiblich
                                                  □ männlich

Fachrichtung: _____   Niederlassungsjahr: _____

Arbeitshilfe 31: Zweidimensionaler Einweiserfragebogen mit Marketingabfrage und Zuweisungsbereitschaftsanalyse

3.2   Konkurrenzanalyse

3.2.1   Das Ziel einer Konkurrenzanalyse

Ziel der Konkurrenzanalyse ist die wettbewerbsbezogene Ausrichtung der Zuweisermarketingarbeit, vor allem das Erkennen, wo die eigenen Chancen im Vergleich zu Mitbewerbern liegen, denn Marketing der Konkurrenz setzt den Maßstab für das eigene Marketing in Umfang, Ausrichtung und Qualität. Mithilfe von zehn Fragen können Sie Ihr Wettbewerbsumfeld im Hinblick auf seinen Einfluss auf zuweisende Ärzte durchleuchten:

1. Wer sind Ihre Konkurrenten?

2. Welche Leistungen bieten sie an, und wo liegen deren Unterscheidungsmerkmale zu Ihrer Klinik?

3. Sind Ihre Konkurrenten erfolgreich? Welche Bedeutung haben sie in Ihrem Einzugsgebiet? Steigt oder fällt diese?

4. Sind die Leistungen Ihrer Konkurrenten eher spezialisiert oder breit angelegt?

5. Liegt deren Erfolgsrezept jeweils eher in der Qualität oder in der Masse?

6. Welches Einweisermarketing betreiben Ihre Mitbewerber?

7. Welche Größe haben Ihre Konkurrenten?

8. Wo liegen ihre Stärken?

9. Wo liegen ihre Schwächen?

10. Wie groß ist das jeweilige Bedrohungspotenzial für Ihre Arbeit?

3.2.2   Umsetzungsanleitung

Arbeitshilfe 32 unterstützt Sie dabei, die Informationen zu Ihrer Konkurrenz in einen systematischen Zusammenhang zu bringen. Beschreiben Sie – soweit Ihnen entsprechende Informationen zur Verfügung stehen – Ihre Konkurrenten unter den aufgeführten Merkmalen, und vergeben Sie jeweils eine Abschlussklassifikation:

■ „A"-Konkurrenten: hohes Bedrohungspotenzial

■ „B"-Konkurrenten: mittleres Bedrohungspotenzial

■ „C"-Konkurrenten: niedriges Bedrohungspotenzial

Fehlende Informationen lassen sich problemlos über das Internet beschaffen.

Merkmale konkurrierender Kliniken	Ausprägung der Merkmale	Beschreibung Klinik	Beschreibung Klinik	Beschreibung Klinik	Beschreibung Klinik	Beschreibung Klinik	Beschreibung Klinik	Beschreibung Klinik
Stammdaten	□ Name □ Art der Klinik □ Fachrichtungen □ Ort							
Strukturdaten	□ Anzahl Betten □ Anzahl Personal							
Leistungsschwerpunkte	□ medizinisch-technisch □ diagnostisch □ therapeutisch							
Stärken								
Schwächen								
Ausstrahlungswirkung	□ lokal □ regional □ überregional							
Wettbewerbseinschätzung	□ Marktaktivität (niedrig, mittel, hoch) □ Marktattraktivität (niedrig, mittel, hoch)							
Klassifikation	A-, B- oder C-Konkurrent							
Bedrohungspotenzial								

Arbeitshilfe 32: Arbeitsbogen Konkurrenzanalyse

4. Einweisermarketingplanung

In der Einweisermarketingplanung legen Sie fest, was Sie mit der Marketingarbeit erreichen wollen (Marketingziele) und wie diese Ziele erreicht werden sollen (Marketingstrategie).

4.1 Einweisermarketingziele

4.1.1 Erfolgs- und Kostenziele

Einweisermarketingziele sind vorweggenommene Vorstellungen über das Ergebnis Ihrer Marketingarbeit. Sie geben Antwort auf die Frage *„Was will ich mit meinem Marketing erreichen?“* Die Ziele leiten sich aus den Unternehmenszielen der Klinik ab. Hierbei unterscheidet man zwei Zielarten: die Erfolgs- und die Kostenziele.

Zielart 1: Erfolgsziele

Die Ziele dieser Klasse sind auf das Resultat Ihrer Einweisermarketingarbeit gerichtet und setzen sich aus zwei Dimensionen zusammen:

- Dimension 1: Bezugsgröße

  Einweisermarketingziele sind unter Berücksichtigung der Bezugsgröße entweder quantitativ oder qualitativ beschaffen. Quantitative Einweisermarketingziele bezeichnen bezifferbare Planungsgrößen, zum Beispiel die Anzahl der pro Zeiteinheit hinzu zu gewinnenden neuen Zuweiser. Ebenso können sie sich auf die Anzahl von Zuweisungen beziehen, aber auch auf das Erreichen eines – zum Beispiel in Schulnotenform gemessenen – Einweiserzufriedenheitswertes.

  Qualitative Marketingziele entziehen sich einer Quantifizierung und bezeichnen angestrebte Zustände, zum Beispiel den Informationsgrad der Zuweiser über das Leistungsangebot Ihrer Klinik.

- Dimension 2: Zeit

  Einweisermarketing ist unter dem zeitlichen Aspekt zweifach wirksam: Zum einen sollen kurzfristige Ergebnisse erzielt werden, zum anderen – hieraus resultierend – natürlich auch langfristige Effekte. Diese doppelte Perspektive muss auch Eingang in die Planung finden. Deshalb unterscheidet man zwischen kurzfristigen – sogenannten operativen – und langfristigen – den strategischen – Zielen. Bei der Planung werden zunächst die strategischen Vorstellungen – etwa für die kommenden zwei bis drei Jahre – definiert, um daraus dann die Teilschritte in Form der kurzfristigen Ziele mit einem Horizont von einem halbem bis zu einem Jahr abzuleiten.

Die strategischen Ziele werden auch als Oberziele, die operativen als Unter- oder Teilziele bezeichnet.

Zielart 2: Kostenziele

Neben dem angestrebten Ergebnis müssen Sie auch festlegen, wie viel Sie in die Einweisermarketingarbeit investieren wollen. Im Rahmen dieser Entscheidung legen Sie das Budget fest, das Sie für Ihr Marketing bereitstellen wollen. In die Kalkulation gehen dabei zum einen direkte Kostengrößen ein, zum Beispiel die Druckkosten für eine Klinikbroschüre oder die Beauftragung eines externen Experten, zum Beispiel bei der Erstellung eines Internetauftritts. Zum anderen müssen Sie auch die entstehenden indirekten Kosten bewerten, die aus Ihrer und der Arbeitszeit Ihrer Mitarbeiter im Rahmen von Vorbereitungs-, Umsetzungs- und Qualifizierungsmaßnahmen entstehen.

4.1.2   Umsetzungsanleitung zur Zielbestimmung

Ihre Einweisermarketingziele helfen Ihnen, Ihre Arbeit zu koordinieren, zu steuern und zu kontrollieren. Damit sie diese Funktionen erfüllen können, benötigen die Zieldefinitionen eine ganz bestimmte Gestaltungsform:

- Sie müssen auf ein oder mehrere Bezugsobjekte konkret spezifiziert werden. So genügt es zum Beispiel nicht, wenn Sie ein Ziel wie „Mehr Zuweiser gewinnen" formulieren. Zwar geben Sie eine Zielrichtung vor („mehr"), aber sowohl die Zielrichtung als auch das Bezugsobjekt („Zuweiser") ist viel zu allgemein formuliert, als dass Sie Maßnahmen zur Erreichung des Ziels ableiten könnten.

- Sie müssen eindeutige Größen definieren, mit deren Hilfe die beabsichtigten Resultate überprüfbar werden. Sie können hierfür Wertgrößen verwenden, zum Beispiel die Anzahl der zu gewinnenden Zuweiser, aber auch qualitative Parameter, wie zum Beispiel den Grad der Einweiserzufriedenheit, die Bekanntheit, das Image oder die Einstellungen von Zuweisern zu Ihrem Haus.

- Formulieren Sie Ihre Ziele möglichst realistisch. Sind sie zu hoch angesetzt, werden die Ziele häufig abgelehnt. Sind sie zu niedrig, werden sie nicht ernst genommen.

- Des Weiteren benötigt eine Zieldefinition unbedingt eine Beschreibung der beabsichtigten, vom Ist-Zustand aus gesehenen Veränderung und der hierfür benötigten Zeit.

- Definieren Sie einen für die Zielerreichung Verantwortlichen. Nur so stellen Sie sicher, dass Ziele auch angestrebt und erreicht werden.

Ihre Ziele sind keine für immer fixierten Größen. Sie müssen regelmäßig überprüft und den internen und externen Veränderungen entsprechend angepasst werden. In manchen Fällen genügt es, das eine oder andere Teilziel zu modifizieren, in anderen Fällen kann es auch notwendig werden, ein ganzes Globalziel mit allen zugehörigen Teilzielen zu ändern.

Mithilfe des folgenden Formulars (Arbeitshilfe 33) können Sie Ihre Marketingziele schrittweise entwickeln.

Zuweisermarketing-ziele	Erfolgsziele			Kostenziele	
	Strategisches Ziel I	Strategisches Ziel II	Strategisches Ziel N	Direkte Kosten	Indirekte Kosten
Bezugsobjekt					
Messgröße					
Angestrebte Veränderung					
Zeithorizont					
Verantwortlich					
Kontrolltermin(e)					

	Operative Ziele zu strategischem Ziel I			Operative Ziele zu strategischem Ziel II			Operative Ziele zu strategischem Ziel N			Direkte Kosten	Indirekte Kosten
	Ziel I.1	Ziel I.2	Ziel I.n	Ziel II.1	Ziel II.2	Ziel II.n	Ziel N.1	Ziel N.2	Ziel N.3		
Bezugsobjekt											
Messgröße											
Angestrebte Veränderung											
Zeithorizont										Summe direkte Kosten	Summe indirekte Kosten
Verantwortlich											
Kontrolltermin(e)										Marketingbudget	

Arbeitshilfe 33: Strukturierungsbogen Einweisermarketingziele

4.2   Einweisermarketingstrategie

4.2.1   Die einzelnen Bausteine

Mithilfe der Einweisermarketingziele bestimmen Sie, was Sie durch Ihr Marketing erreichen wollen, mittels der Marketingstrategie fixieren Sie, wie Sie dies tun möchten. Die
Einweisermarketingstrategie ist Ihr Plan, wie Ihre Marketingarbeit grundsätzlich aussehen soll und umfasst als langfristig fixierter Rahmen die grundsätzlichen Vorgaben für die
Marketingarbeit:

- Welche Identität soll Ihr Haus durch die Marketingarbeit erhalten (Positionierung)?

- An wen wendet sich das Einweisermarketing genau (Zielgruppen)?

- Auf welchen Wegen sollen die Zielgruppen angesprochen werden (Instrumente)?

Die Positionierung einer Klinik ist der – positive – Gesamteindruck, den Ihre Zuweiser
von Ihrem Haus und seiner Leistungsqualität haben sollen und der Ihre Klinik von anderen eindeutig differenziert. Es sind die Punkte, die Zuweiser später an ihre Patienten, aber
auch an Kollegen via Mund-zu-Mund-Propaganda weitergeben und so bei diesen wiederum ein Bild über Ihre Klinik entstehen lassen. Die Positionierung setzt sich dabei zusammen aus

- Ihrem Angebot, definiert durch Ihre Fachrichtungen und Ihre Leistungsschwerpunkte,
  sowie

- dem Nutzen, den zuweisende Ärzte haben, wenn sie Patienten in Ihre Klinik einweisen,
  und der Ihr Haus von vergleichbaren eindeutig abgrenzt.

Das Angebot umfasst die „harten" medizinischen Fakten, die Ihr Krankenhaus ausmachen, der Nutzen beinhaltet sowohl medizinische (Kompetenz, diagnostische und therapeutische Fähigkeiten) als auch nicht medizinische Aspekte, beispielsweise:

- Klinikatmosphäre (Klinikgestaltung), zum Beispiel Farben und Licht kombiniert zu
  einer „Wohlfühlatmosphäre".

- Arbeitsatmosphäre, zum Beispiel Ruhe, Ausgeglichenheit.

- Einweiserbetreuung, zum Beispiel schnelle Erreichbarkeit, positive Gesprächsführung.

- Ablauforganisation, zum Beispiel kurzfristige Terminvergabe, kurze Wartezeit.

- Dienstleistungs- und Serviceangebote, zum Beispiel Informationen über Veränderungen in der Klinik.

Berücksichtigen Sie bei der Entwicklung Ihrer Positionierung folgende Gestaltungsregeln:

▶ Verwenden Sie eindeutige Beschreibungen für darzustellende Sachverhalte, vermeiden Sie interpretationsfähige Begriffe wie zum Beispiel „guter Service". Legen Sie – wenn Sie solche Oberbegriffe dennoch verwenden wollen – dar, was unter den angeführten Begriffen zu verstehen ist.

▶ Wählen Sie Formulierungen, die auch bei Änderungen der internen Klinikstruktur und/oder des -umfeldes nicht sofort eine Veränderung Ihrer Positionierung notwendig machen.

▶ Stellen Sie die Inhalte auf fundamentale Tatbestände und Schlüsselpraktiken ab, die keinen ständigen Veränderungen unterliegen.

▶ Zeigen Sie eine allgemeine Richtung und Schlüsselwerte für die Zuweiserkooperation auf, aber formulieren Sie noch keine Ziele oder Maßnahmen.

▶ Legen Sie den Fokus auf die Resultate der Klinikarbeit, und zeigen Sie auf, warum diese erreicht werden sollen, aber nicht, auf welchem Weg.

In Bezug auf die Differenzierung Ihres Angebots geht es darum, den Zuweisernutzen – neben den Patientenanforderungen – in den Mittelpunkt Ihres Klinikkonzeptes zu stellen. Ein Beispiel hierfür wäre die Spezialisierung. Sie basiert auf dem Prinzip der Angebotskonzentration: Sie schränken bewusst die Leistungsbreite Ihrer Klinik ein und erhöhen dafür die Leistungstiefe. Für den so gewonnenen Spezialisierungsbereich lässt sich dann ein klares Behandlungskonzept festlegen, dessen Umsetzung einen Effizienzsteigerungsprozess in Gang setzt: Das Behandlungskonzept und die damit verbundene Wiederholung diagnostischer, therapeutischer und betreuender Entscheidungen und Arbeiten führt dazu, dass seine Abwicklung im Zeitablauf immer perfekter erfolgt, alles einfach „rund" läuft. Das wiederum führt zu einer die Klinik entlastenden und für den Zuweiser spürbaren Qualitätssteigerung. Dieses „Plus" an Leistung wirkt sich seinerseits positiv auf das gesamte Klinikimage aus, strahlt nach außen ab und erhöht die Anziehungskraft Ihres Hauses. Gleichzeitig werden alle Arbeiten immer besser verrichtet, sodass durch zeitliche Einsparungen Aktionsspielräume geschaffen werden, die frei gestaltbar für zusätzliche Leistungen sind, insgesamt also das Kosten-Nutzen-Verhältnis für Ihr Haus verbessert wird, das den Erfolg deutlich steigert.

Der Begriff Zielgruppe bezeichnet anzusprechende Einweisergruppen, die durch gleiche Merkmale gekennzeichnet sind. Zielgruppenmerkmale sind zum Beispiel die regionale Verteilung oder die Behandlung bestimmter Patientengruppen. Mit der Entscheidung für einzelne Zielgruppen bestimmen Sie gleichzeitig den Rahmen für den Einsatz Ihrer Marketinginstrumente.

Der dritte Entscheidungsbereich innerhalb Ihrer marketingstrategischen Überlegungen bezieht sich auf die Wege, über die Ihre Zielgruppen angesprochen werden sollen, also auf die einzusetzenden Einweisermarketinginstrumente. Im Rahmen der Strategie legen Sie zunächst – unter Beachtung Ihrer Ziele und des Budgets – die grundsätzliche Form Ihrer

Marketinginstrumente fest. Hierbei können Sie auf die sogenannten Reinformen der persönlichen (zum Beispiel ein Telefonat zur Terminvereinbarung für einen Patienten oder ein Vortrag in den eigenen Klinikräumen) und der unpersönlichen Instrumente (zum Beispiel eine Abteilungsbroschüre oder einen Internetauftritt) zurückgreifen (siehe auch Kapitel 6). Mit dieser Überlegung geht die Strategie unmittelbar in die „konkrete Phase" des Marketings, die Entwicklung des Einweisermarketingkonzeptes, über.

Mithilfe des folgenden Formulars (Arbeitshilfe 34) bringen Sie Ihre marketingstrategischen Überlegungen in eine übersichtliche Form.

Positionierung		Zielgruppen	Instrumente
Medizinische Positionierung			Grobplanung des Einsatzes persönlicher Instrumente
Nutzen-positionierung			Grobplanung des Einsatzes unpersönlicher Instrumente
Klinikgestaltung			
Arbeitsatmosphäre			
Zuweiserbetreuung			
Ablauforganisation			
Serviceangebote			

Arbeitshilfe 34: Strukturierungsbogen Marketingstrategie

4.2.2   Implementierung einer Einweisermarketingstrategie

Die Implementierung einer Einweisermarketingstrategie ist initial immer mit Veränderungen des Klinikalltags verbunden. Diese bedeuten

■ kurzfristig eine Zusatzbelastung für das gesamte Team,

■ mittelfristig eine Umstellung bislang etablierter Arbeitsabläufe und vielleicht auch „lieb gewonnener" Routinen sowie

■ langfristig eine Neudefinition des Selbstverständnisses der Einweiserarbeit.

Diese Punkte legen nahe, die Entwicklung, Einführung und Umsetzung einer Einweisermarketingstrategie so vorzubereiten, dass alle Mitarbeiter, die in die Arbeit mit zuweisenden Ärzten eingebunden sind, sich mit der Strategie identifizieren können und bereit sind, bei der Realisierung engagiert mitzuarbeiten. Das setzt voraus, dass

■ das Projekt „Einweisermarketingstrategie" allen bekannt und verständlich ist; hierfür müssen alle die Ziele, die Sie mit Ihrem Einweisermarketing verfolgen, kennen, um überhaupt Verständnis dafür zu entwickeln;

■ alle Betroffenen an der Entwicklung der Strategie und des Konzeptes beteiligt werden; je intensiver das Gefühl ist, Strategie und Konzept mitgestaltet zu haben, desto größer ist die Motivation („Unser Einweisermarketing") zur Umsetzung, auch um den Preis von Zusatzbelastungen und Umstellungen;

■ alle Verantwortung übernehmen.

Die Chance der Mitgestaltung muss um die Verpflichtung zur Mitarbeit ergänzt werden, damit die Einweisermarketingarbeit auch auf Dauer Bestand hat und nicht dem „Lustprinzip" untergeordnet wird. Eine Verpflichtung erreichen Sie durch die Verteilung von Verantwortlichkeiten für einzelne Marketinginstrumente sowie durch die Festlegung von marketingbezogenen Zielen für jeden. Der erstgenannte Aspekt wird am besten in die Stellenbeschreibung integriert, der zweitgenannte in die jährlichen Zielvereinbarungen.

Schritt 1: Schaffung eines gemeinsamen Problembewusstseins

Zunächst muss den Beteiligten das „Warum" des Einweisermarketingkonzeptes deutlich werden. Hierbei kommt es darauf an, den Grund oder die Gründe nicht nur aus Ihrer eigenen Perspektive zu schildern, sondern auch Ansatzpunkte zu finden, die alle ansprechen, zum Beispiel:

- Eine im Vorfeld durchgeführte Einweiserzufriedenheitsbefragung hat deutliche Schwachstellen aufgezeigt.

- Es liegen Beschwerden von Zuweisern vor.

- Konkurrierende Kliniken der Umgebung sind sehr einweisermarketingaktiv, man selbst nur wenig.

- Die Entwicklung der Gewinnung neuer Zuweiser bleibt hinter den Erwartungen zurück.

- Der Stammeinweiserbestand nimmt ab.

Schritt 2: Erarbeitung der Strategie

Nun geht es darum, gemeinsam die Eckpfeiler für die Definition der Positionierung, der Zielgruppen und der Marketinginstrumente zu entwickeln.

Schritt 3: Verteilung von Aufgaben und Verantwortlichkeiten

Anschließend erfolgt nach der Formel „Was-wer-bis-wann?" eine Aufgliederung des Gesamtprojektes in konkrete Teilaufgaben, die einzelnen Beteiligten zugeordnet werden.

5. Das Einweisermarketingkonzept

5.1 Inhalte des Einweisermarketingkonzepts

Mit dem Einweisermarketingkonzept nehmen Sie die Auswahl und konkrete Gestaltung Ihrer Marketinginstrumente vor. Das Ziel ist die Bündelung der Instrumente, der sogenannte Marketing-Mix, damit die Wirkung, die alle Instrumente gemeinsam erzielen, durch deren Kombination größer ist als die bloße Summierung der Effekte. Es geht also darum, die Instrumente so aufeinander abzustimmen, dass sich ihre Wirkungen gegenseitig verstärken.

Marketing geht aber mit seiner Wirkung weit über direkte, zuweiserbezogene Effekte hinaus. Dieser Sachverhalt wird als Multiplikatoreffekt bezeichnet. Er basiert auf der einfachen, aber für das Klinikmarketing eminent wichtigen Tatsache, dass Zuweiser mit Dritten über ihre Klinikerfahrungen sprechen. Zuweiser berichten Kollegen über ihre Klinikeindrücke und -erfahrungen. Diese Schilderungen wiederum können die Meinung der Gesprächspartner über die betreffende Klinik beeinflussen. Wie stark diese Beeinflussung ausgeprägt ist, hängt von der sozialen Stellung des einzelnen Zuweisers ab, der seine Erlebnisse schildert. Je größer seine Akzeptanz bei den Gesprächspartnern, je mehr Kompetenz ihm zugemessen wird, desto stärker beeinflussen seine Ausführungen die Einstellung der Ansprechpartner. Ist dieser Einfluss so groß, dass hieraus eine Art „Nachahmverhalten" entsteht – *„In diese Klinik weise ich auch ein!"* –, spricht man von Meinungsbildung.

Leider führt jedoch auch ein schlechtes oder gar kein Marketing zu Negativeindrücken, die sich in der Multiplikation im wahrsten Sinne des Wortes negativ auswirken. Hieraus leitet sich eine wichtige Regel für Ihr Einweisermarketingkonzept ab: Je mehr es zu einer nachhaltigen Einweiserzufriedenheit beiträgt, desto größer ist der Multiplikationseffekt über die tatsächlichen Zuweiser Ihrer Klinik hinaus. Gutes Marketing „produziert" automatisch eine breite Streuung positiver Informationen über Ihre Klinik und schafft für Ihre Klinikarbeit eine Art Vertrauensvorschuss.

Den geschilderten Prozess können Sie gezielt lenken, wenn Sie die „Meinungsbildner" unter Ihren Zuweisern identifizieren. Filtern Sie diejenigen Personen heraus, von denen Sie annehmen, dass sie über weiter reichende soziale Kontakte verfügen und Ihrer Meinung nach dort auch akzeptiert werden. Sprechen Sie diese Personen mit individuellen Marketingmaßnahmen an, und steigern Sie ganz besonders deren Zufriedenheit.

Bei einer Reihe von Einweisermarketinginstrumenten stellt sich die Frage, ob die Realisierung oder Teile hiervon durch eine Werbeagentur oder verwandte Dienstleister übernommen werden sollen.

5.2 Make-or-Buy? – Marketinginstrumente umsetzen

Wenn Sie Entscheidungen über einzusetzende Einweisermarketinginstrumente treffen, empfiehlt sich die Prüfung, ob die Realisierung in Eigenregie („make") oder durch Dritte, zum Beispiel spezialisierte Agenturen oder sonstige Dienstleister („buy"), erfolgt.

Das folgende Make-or-Buy-Scoring-Entscheidungssystem bietet Ihnen die Möglichkeit, schnell und unaufwändig Ihre Entscheidung zwischen einer Eigen- oder Fremderbringung zu treffen.

■ **Schritt 1**: Spalte 2 der folgenden Arbeitshilfen 35 bis 48 listet die Entscheidungskriterien auf, mit deren Hilfe die Auswahl der am besten zu Ihrer Entscheidungssituation passenden Handlungsalternative erfolgen kann, Spalte 1 systematisiert die Kriterien nach Hauptbereichen. Unter Verwendung der Leerfelder können Sie ergänzend weitere, eigene Kriterien in die Analyse mit einbeziehen, ebenso über das angefügte Blankoformular (Arbeitshilfe 47).

■ **Schritt 2**: In Spalte 3 geben Sie an, wie wichtig das jeweils genannte Entscheidungskriterium für Ihre Arbeit ist. Die hierzu benötigte Skala finden Sie im Tabellenkopf unter der Bezeichnung „Bewertungsschlüssel Entscheidungskriterium". Die Skala reicht in Zehnerschritten von 0 = „unwichtig" bis 10 = „sehr wichtig". Tragen Sie den Ihrer Prioritätenbildung entsprechenden Zahlenwert in das dem Kriterium zugehörige Feld ein. (*Beispiel*: Das Entscheidungskriterium „Zuweisergewinnung" hat für Sie einen niedrigen Stellenwert. Sie nehmen Ihre Bewertung mit dem Punktwert „3" in die Analyse auf und tragen ihn in Spalte 3 ein.)

■ **Schritt 3**: In Spalte 4 skizzieren Sie bitte, welche Zielsetzung Sie bei Ihrer Make-or-Buy-Entscheidung im Hinblick auf das Entscheidungskriterium verfolgen.

■ **Schritt 4**: Die Unterspalten von Spalte 5 enthalten die zu bewertenden Handlungsalternativen:

   – *Eigenregie*: Sie setzen die Instrumente ohne Hilfe von außen um.

   – *Outsourcing*: Sie lassen Ihre Instrumente außerhalb Ihrer Klinik umsetzen, zum Beispiel durch eine Agentur.

   – *Resourcing*: Sie holen sich Hilfe von außen, die das Instrument in Ihrer Klinik realisiert, zum Beispiel einen professionellen Moderator, der Ihre Veranstaltungen leitet.

   – *Weitere Möglichkeit*: In dieser Spalte können Sie ein weiteres, für Ihre Zwecke geeignetes Modell bewerten. Zur Bewertung verwenden Sie bitte den ebenfalls im Tabellenkopf aufgeführten „Bewertungsschlüssel Handlungsalternativen". Bewerten Sie nun für jede Handlungsalternative, wie gut mit ihr Ihre in Spalte 4 aufgeführte Zielsetzung erfüllt wird. Die Skala reicht in Zehnerschritten von 0 = „sehr schlecht" bis 10 = „sehr gut". Tragen Sie den Ihrer Prioritätenbildung entsprechenden Zahlenwert in die dem Kriterium zugehörigen Felder 5a1, 5b1, 5c1 und – optional – 5d1 ein. Multiplizieren Sie anschließend diese Werte mit der in Spalte 3 angegebenen Gewichtung, und tragen Sie das Ergebnis in die Felder 5a2, 5b2, 5c2 und 5d2 ein. (Beispiel: Sie bewerten die Handlungsalternativen zum Merkmal „Zu-weisergewinnung" wie folgt: Eigenregie = 8, Outsourcing = 2, Resourcing = 4. Multipliziert mit Ihrer Gewichtung „3" aus Schritt 2 ergeben sich folgende Werte: Eigenregie = 24, Outsourcing = 6, Resourcing = 12).

■ **Schritt 5**: Übertragen Sie die Zwischensummen der Handlungsalternativen jeder Seite in das Formular „Make-or-Buy-Entscheidung" (Arbeitshilfe 48) auf der letzten Seite, und addieren Sie die Werte. Wählen Sie anschließend die Möglichkeit aus, für die sich der höchste Punktwert ergibt.

	Bewertungsschlüssel „Entscheidungskriterium" 0 1 2 3 4 5 6 7 8 9 10			Bewertungsschlüssel „Handlungsalternativen" 0 1 2 3 4 5 6 7 8 9 10							
	unwichtig → sehr wichtig			sehr schlecht / sehr gut							
1	2	3	4	5							
Bereich	Entscheidungskriterium	Wichtigkeit	Definition der Zielsetzung	Handlungsalternativen							
				5a Eigenregie		5b Outsourcing		5c Resourcing		5d Weitere Alternative	
				5a1	5a2	5b1	5b2	5c1	5c2	5d1	5d2
Strategie	Klinikphilosophie? (zum Beispiel Unabhängigkeit)										
Welche Alternative passt besser zur	Klinikstrategie? (zum Beispiel Wachstum)										
	Kerntätigkeit? (zum Beispiel Cross-Selling)										
	Angebotsperspektive? (zum Beispiel Langfristigkeit)										
Zwischensummen 1											

Arbeitshilfe 35: Strategie

Bewertungsschlüssel „Entscheidungskriterium"

0 1 2 3 4 5 6 7 8 9 10

unwichtig — sehr wichtig

Bewertungsschlüssel „Handlungsalternativen"

0 1 2 3 4 5 6 7 8 9 10

sehr schlecht — sehr gut

1	2	3	4	5 Handlungsalternativen							
Bereich	Entscheidungskriterium	Wichtigkeit	Definition der Zielsetzung	5a Eigenregie		5b Outsourcing		5c Resourcing		5d Weitere Alternative	
				5a1	5a2	5b1	5b2	5c1	5c2	5d1	5d2
Kosten Welche Alternative verursacht günstigere	fixe Kosten?										
	variable Kosten?										
	Investitionen?										
Zwischensummen 2											

Arbeitshilfe 36: Kosten

Bewertungsschlüssel „Entscheidungskriterium" unwichtig 0 1 2 3 4 5 6 7 8 9 10 sehr wichtig				Bewertungsschlüssel „Handlungsalternativen" sehr schlecht 0 1 2 3 4 5 6 7 8 9 10 sehr gut							
1	2	3	4	5 Handlungsalternativen							
Bereich	Entscheidungskriterium	Wichtigkeit	Definition der Zielsetzung	5a Eigenregie		5b Outsourcing		5c Resourcing		5d Weitere Alternative	
				5a1	5a2	5b1	5b2	5c1	5c2	5d1	5d2
Erfolg	schnelleren Ergebnissen?										
Welche Alternative führt zu	besseren Ergebnissen?										
	langfristig wirksameren Effekten?										
Zwischensummen 3											

Arbeitshilfe 37: Erfolg

Bewertungsschlüssel „Entscheidungskriterium"
0 1 2 3 4 5 6 7 8 9 10
unwichtig — sehr wichtig

Bewertungsschlüssel „Handlungsalternativen"
0 1 2 3 4 5 6 7 8 9 10
sehr schlecht — sehr gut

1 Bereich	2 Entscheidungs-kriterium	3 Wichtigkeit	4 Definition der Zielsetzung	5 Handlungsalternativen							
				5a Eigenregie		5b Outsourc-ing		5c Resourcing		5d Weitere Alternative	
				5a1	5a2	5b1	5b2	5c1	5c2	5d1	5d2
Markt	Zuweiserpotenzial?										
	Image?										
Mit welcher Alternative erreicht man besser das mögliche											
Zwischensummen 4											

Arbeitshilfe 38: Markt

	Bewertungsschlüssel „Entscheidungskriterium" 0 1 2 3 4 5 6 7 8 9 10			Bewertungsschlüssel „Handlungsalternativen" 0 1 2 3 4 5 6 7 8 9 10							
unwichtig			sehr wichtig	sehr schlecht							sehr gut
1	2	3	4	5							
Bereich	Entscheidungskriterium	Wichtig-keit	Definition der Zielsetzung	Handlungsalternativen							
				5a Eigenregie		5b Outsourcing		5c Resourcing		5d Weitere Alternative	
				5a1	5a2	5b1	5b2	5c1	5c2	5d1	5d2
Wettbewerb	Wettbewerbsposition?										
Welche Alternative bietet die bessere	Exklusivität?										
	Differenzierung zu konkurrierenden Kliniken?										
Zwischensummen 5											

Arbeitshilfe 39: Wettbewerb

Bewertungsschlüssel „Entscheidungskriterium" unwichtig 0 1 2 3 4 5 6 7 8 9 10 sehr wichtig				Bewertungsschlüssel „Handlungsalternativen" sehr schlecht 0 1 2 3 4 5 6 7 8 9 10 sehr gut								
1	2	3	4	5 Handlungsalternativen								
Bereich	Entscheidungskriterium	Wichtig-keit	Definition der Zielsetzung	5a Eigenregie		5b Outsourcing		5c Resourcing		5d Weitere Alternative		
				5a1	5a2	5b1	5b2	5c1	5c2	5d1	5d2	
Zuweiser	Zuweiserorientierung?											
Welche Alternative fördert intensiver die	Zuweiserakzeptanz?											
	Zuweisergewinnung?											
	Zuweiserbindung?											
Zwischensummen 6												

Arbeitshilfe 40: Zuweiser

Bewertungsschlüssel „Entscheidungskriterium" 0 1 2 3 4 5 6 7 8 9 10				Bewertungsschlüssel „Handlungsalternativen" 0 1 2 3 4 5 6 7 8 9 10							
unwichtig			sehr wichtig	sehr schlecht							sehr gut
1	2	3	4	5							
Bereich	Entscheidungs- kriterium	Wichtigkeit	Definition der Zielsetzung	Handlungsalternativen							
				5a Eigenregie		5b Out- sourcing		5c Resourc- ing		5d Weitere Alternative	
				5a1	5a2	5b1	5b2	5c1	5c2	5d1	5d2
Leistungs- qualität	Fachwissen?										
	praktisches Können?										
Welche Alternative bietet ohne Zusatzaufwand benötigtes											
Zwischensummen 7											

Arbeitshilfe 41: Leistungsqualität

	1	2	3	4	5								
	Bereich	Entscheidungs-kriterium	Wichtigkeit	Definition der Zielsetzung	Handlungsalternativen								
	unwichtig	0 1 2 3 4 5 6 7 8 9 10	sehr wichtig		sehr schlecht 0 1 2 3 4 5 6 7 8 9 10 sehr gut								
					5a Eigenregie		5b Outsourcing		5c Resourcing		5d Weitere Alternative		
					5a1	5a2	5b1	5b2	5c1	5c2	5d1	5d2	
Qualitäts-sicherung		die Ergebnisquali-tät?											
Welche Alternative ist günstiger im Hinblick auf		die Kontroll-möglichkeit?											
Zwischensummen 8													

Arbeitshilfe 42: Qualitätssicherung

	Bewertungsschlüssel „Entscheidungskriterium" 0 1 2 3 4 5 6 7 8 9 10 unwichtig → sehr wichtig			Bewertungsschlüssel „Handlungsalternativen" 0 1 2 3 4 5 6 7 8 9 10 sehr schlecht → sehr gut							
1	2	3	4	5 Handlungsalternativen							
Bereich	Entscheidungs-kriterium	Wichtigkeit	Definition der Zielsetzung	5a Eigenregie		5b Outsourcing		5c Resourcing		5d Weitere Al-ternative	
				5a1	5a2	5b1	5b2	5c1	5c2	5d1	5d2
Ressourcen Welche Alternative ist geeigneter bezüglich der Bereitstellung von	Personal?										
	Räumen?										
	Geräten?										
	Materialien?										
Zwischensummen 9											

Arbeitshilfe 43: Ressourcen

Bewertungsschlüssel „Entscheidungskriterium" 0 1 2 3 4 5 6 7 8 9 10				Bewertungsschlüssel „Handlungsalternativen" 0 1 2 3 4 5 6 7 8 9 10							
unwichtig			sehr wichtig	sehr schlecht							sehr gut
1	2	3	4	5							
Bereich	Entscheidungs-kriterium	Wichtigkeit	Definition der Zielsetzung	Handlungsalternativen							
				5a Eigenregie		5b Outsourcing		5c Resourcing		5d Weitere Alternative	
				5a1	5a2	5b1	5b2	5c1	5c2	5d1	5d2
Mitarbeiter	der vorhandenen Fähigkeiten?										
	der bestehenden Motivation?										
Welche Alternative ist besser geeignet aufgrund											
Zwischensummen 10											

Arbeitshilfe 44: Mitarbeiter

				Bewertungsschlüssel „Entscheidungskriterium" 0 1 2 3 4 5 6 7 8 9 10		Bewertungsschlüssel „Handlungsalternativen" 0 1 2 3 4 5 6 7 8 9 10							
				unwichtig ... sehr wichtig		sehr schlecht ... sehr gut							
1	2	3	4	5 Handlungsalternativen									
Bereich	Entscheidungs-kriterium	Wichtigkeit	Definition der Zielsetzung	5a Eigenregie		5b Outsourcing		5c Resourcing		5d Weitere Alternative	
				5a1	5a2	5b1	5b2	5c1	5c2	5d1	5d2
Organisation Welche Alternative ist geeigneter im Bezug auf die	Steuerbarkeit?										
	Planbarkeit?										
	Flexibilität?										
	Funktionalität der sonstigen Abläufe?										
Zwischensummen 11											

Arbeitshilfe 45: Organisation

Bewertungsschlüssel „Entscheidungskriterium" 0 1 2 3 4 5 6 7 8 9 10 unwichtig — sehr wichtig			Bewertungsschlüssel „Handlungsalternativen" 0 1 2 3 4 5 6 7 8 9 10 sehr schlecht — sehr gut								
1	2	3	4	5 Handlungsalternativen							
Bereich	Entscheidungs-kriterium	Wichtigkeit	Definition der Zielsetzung	5a Eigenregie		5b Outsourcing		5c Resourcing		5d Weitere Alternative	
				5a1	5a2	5b1	5b2	5c1	5c2	5d1	5d2
Recht	Haftung?										
	Garantie?										
Welche Alternative ist geeigneter im Hinblick auf											
Zwischensummen 12											

Arbeitshilfe 46: Recht

Das Einweisermarketingkonzept

Bewertungsschlüssel „Entscheidungskriterium"
unwichtig 0 1 2 3 4 5 6 7 8 9 10 sehr wichtig

Bewertungsschlüssel „Handlungsalternativen"
sehr schlecht 0 1 2 3 4 5 6 7 8 9 10 sehr gut

1	2	3	4	5 Handlungsalternativen							
				5a Eigenregie		5b Outsourcing		5c Resourcing		5d Weitere Alternative	
Bereich	Entscheidungskriterium	Wichtigkeit	Definition der Zielsetzung	5a1	5a2	5b1	5b2	5c1	5c2	5d1	5d2
Zwischensummen 13											

Arbeitshilfe 47: Blankoformular

Make-or-Buy-Entscheidung	5 Handlungsalternativen			
	5a Eigenregie	5b Outsourcing	5c Resourcing	5d Weitere Alternative
	5a2	5b2	5c2	5d2
Zwischensummen 1				
Zwischensummen 2				
Zwischensummen 3				
Zwischensummen 4				
Zwischensummen 5				
Zwischensummen 6				
Zwischensummen 7				
Zwischensummen 8				
Zwischensummen 9				
Zwischensummen 10				
Zwischensummen 11				
Zwischensummen 12				
Zwischensummen 13				
Endsummen				

Arbeitshilfe 48: Ergebnistabelle

Entscheiden Sie sich für die Beauftragung Externer, hat sich ein Fünf-Schritte-Vorgehen zur Auswahl bewährt:

■ **Schritt 1 – Zielsetzung**: Zunächst benötigen Sie eine klare Vorstellung darüber, welches Projekt umgesetzt werden soll (Hauptziel) und welche Aufgabe der Externe dabei übernehmen soll (Tätigkeitsziel). Je spezifischer diese Punkte formuliert werden, desto konkreter werden die Angebote der Helfer ausfallen. Ebenso sollten Sie im Vorfeld eine ungefähre Vorstellung darüber entwickeln, wie viel die Unterstützung Ihnen wert ist: welchen Geldbetrag Sie maximal ausgeben möchten und bis wann das Projekt abgeschlossen sein soll.

■ **Schritt 2 – erste Vorauswahl**: Eine Hilfestellung zum Auffinden geeigneter Externer sind Empfehlungen von Kollegen oder Fachverbänden. Auch die Industrie- und Handelskammern können helfen. Es sollte unbedingt bei Unternehmen angefragt werden. Prüfpunkte sind hierbei:

– *Leistungsangebot*: Zählt die in Auftrag zu gebende Leistung zu den Kern- oder Randkompetenzen? Vorsicht ist bei Aussagen wie „Das können wir auch machen" geboten.

– *Branchenkenntnis*: Kennt sich die Agentur oder der Partner im Gesundheitswesen, insbesondere mit den rechtlichen und standesrechtlichen Regelungen aus? Ohne fundierte Kenntnisse auf diesem Gebiet kann sich die Gestaltung von Marketinginstrumenten durch eine Vielzahl von Trial-and-Error-Schritten schnell zur Kostenfalle entwickeln.

– *Konkrete Erfahrungen*: Hat das Unternehmen bereits Erfahrungen in der Zusammenarbeit mit Kliniken? Ein Logo für ein Einzelhandelsgeschäft bedarf anderer Überlegungen als die Entwicklung eines Signets für ein Krankenhaus. Verlassen Sie sich nicht auf ein pauschales „Ja, wir haben konkrete Erfahrungen", sondern lassen Sie sich Beispiele zeigen. Da Marketingberatung ein sehr spezifisches, sich ständig wandelndes Know-how verlangt, kommen nur solche Unternehmen in Frage, die schwerpunktmäßig Krankenhäuser beraten und unterstützen, d.h. der Anteil dieser Projekte muss mindestens 70 Prozent ihrer Gesamttätigkeit ausmachen.

– *Regionale Nähe*: Gestaltungsprozesse bedürfen einer engen und raschen Abstimmung. Viele kleine Entscheidungen können per Telefax, Telefon und E-Mail vorbereitet werden, aber es geht nicht ohne persönliche Abstimmung. Je näher Sie und Ihr Partner sich räumlich sind, desto unkomplizierter gestaltet sich die Koordination.

■ **Schritt 3 – das persönliche Vorgespräch**: Man sollte sich von den in die engere Wahl kommenden Unternehmen denjenigen Mitarbeiter benennen lassen, der das Projekt in Ihrem Haus durchführen würde und mit ihm ein persönliches Vorgespräch führen. Dabei ist unter anderem zu prüfen:

- Stimmt die „menschliche Chemie": kann man sich vorstellen, mit dieser Person zu-sammenzuarbeiten? Wird sie auch mit den Mitarbeitern zurechtkommen?
- Ist das Gespräch ein Dialog oder führt der Mitarbeiter Monologe?
- Versteht er etwas von seinem „Handwerk", werden Ihre Fragen kompetent beant-wortet?
- Ist der Mitarbeiter eher theoretisch (Anwendung von Modellen, Prinzipien) oder praktisch **ausgerichtet?**

■ **Schritt 4 – das Angebot**: Das Angebot sollte folgende Punkte umfassen (Minimalan-forderung):

- Definition der Zielsetzung.
- Auflistung der Arbeiten, die zur Zielerreichung notwendig sind, einschließlich so-genannter „Checkpoints" oder „Meilensteine", Zeitpunkte im Projektablauf, zu de-nen Berater und Arzt den Projektfortschritt gemeinsam kontrollieren.
- Durchführung eines Abschlussgesprächs.
- Die Vorgabe eines zeitlichen Ablaufs.
- Eine detaillierte Kostenaufstellung.
  Darüber hinaus sollte das Angebot Zahlungsweise und Rücktrittsrechte definieren. Achtung bei Erfolgshonoraren: Diese sind nur akzeptabel, wenn die Erfolgskriteri-en eindeutig definierbar sind. Angebote mit Vorauszahlungen sollten Sie nicht ak-zeptieren.

■ **Schritt 5 – die Beraterauswahl**: Zum Abschluss vergleichen Sie die Angebote im Hinblick auf Kosten, Leistungen und unter dem Aspekt der persönlich gewonnenen Eindrücke. Aufgrund der Preis-Leistungs-Transparenz, die Sie nun besitzen, können Sie „nachverhandeln". Erfahrungsgemäß sind Kostensenkungen im Vergleich zum An-fangsangebot von bis zu 20 Prozent erzielbar. Ebenso ist es auch möglich, bei gleich-bleibendem Preis den Leistungsumfang zu erhöhen.

6. Marketinginstrumente für zuweisende Ärzte

Dieses Kapitel gibt Ihnen einen Überblick der wichtigsten Einweisermarketinginstrumente. Erfolgreiches Einweisermarketing zeichnet sich nicht dadurch aus, dass Sie möglichst viele der vorgestellten Maßnahmen umsetzen, sondern dass die von Ihnen ausgewählten und eingesetzten Instrumente inhaltlich und zeitlich so kombiniert werden, dass ihre Gesamtwirkung größer ist als die Summe der Einzelwirkungen. Diese Kombination und Abstimmung bezeichnet man als Marketing-Mix. Zur Beantwortung der Frage, welche Einweisermarketinginstrumente im Mix dem Krankenhaus den größten Nutzen bieten, greift man am besten auf die Argumente zurück, mit denen niedergelassene Ärzte begründen, warum sie häufig ambulante Spezialisten dem Krankenhaus vorziehen:

- *Anmeldung/Wartezeit*: Kliniken bieten meist nur meist starre Schemata, niedergelassene Spezialisten sind flexibel.

- *Art der Zusammenarbeit*: Kliniken sind für sie eher anonym, es fehlen direkte Ansprechpartner, und man trifft häufig auf wenig Verständnis für die Probleme der Praxis.

- *Umgang mit den Patienten*: Über den Krankenhausaufenthalt erhält man vielfach negative Rückmeldungen, niedergelassene Spezialisten verfügen über eine ausgeprägte Dienstleistungsorientierung.

- *Informationsfluss*: Er existiert in der Regel nur via Arztbrief, der dann noch sehr spät kommt und wenig aussagt, die Suche nach Ansprechpartnern ist schwierig und zieht lange Informationswege nach sich, der ambulante Spezialist hingegen informiert kontinuierlich und rechtzeitig.

- *Organisation*: Im Krankenhaus ist sie umständlich und bürokratisch, in der Praxis routiniert und anpassungsfähig.

- *Vorbehandlung*: Klinikseitig besteht häufig ein Misstrauen gegenüber dem Hausarzt, deshalb werden Doppeluntersuchungen durchgeführt, bei niedergelassenen Spezialisten besteht eine Koordinationsmöglichkeit der Leistungen.

- *Folgebehandlung*: Die Krankenhausempfehlungen, zum Beispiel zu Medikamenten, lassen sich unter Praxisbedingungen nicht immer realisieren (Kosten), bei den ambulanten Kollegen besteht die Möglichkeit der Abstimmung.

- Die Punkte verdeutlichen, worauf es in der Hauptsache ankommt. Bei der folgenden Instrumentendarstellung wird zwischen Instrumenten der persönlichen und nicht persönlichen Zuweiserkommunikation unterschieden. Ihre Auswahl sollte sich nach Möglichkeit an dem schon dargestellten Schema orientieren:

- Bei *A-Zuweisern* steht die Sicherung der Zuweisungsintensität im Vordergrund, die Umsetzung erfordert im Marketingbereich vor allem persönliche Kontakte.

■ Bei *B-Zuweisern* ist der Ausbau der Zuweisungsintensität das Ziel, sein Erreichen basiert auf einem möglichst breit gefächerten Mix der Marketinginstrumente, um die Klinik in allen Facetten darzustellen.

■ Bei *C-Zuweisern* geht es um einen Aufbau der Zuweisungsintensität, hierbei stehen am Beginn möglichst kostengünstige Instrumente (Informationsbrief, Pressearbeit, Fortbildungsveranstaltung), da erst überprüft werden muss, ob weitere Marketinginvestitionen lohnend sind.

6.1   Unpersönliche Marketinginstrumente

6.1.1   Einträge in Telefon- und Branchenverzeichnisse, Klinik-Suchdienste

Wenn Zuweiser Ihre Klinik nicht kennen, müssen Sie sie bekannt machen. Hierfür stehen Ihnen eine Reihe von Instrumenten zur Verfügung. Innerhalb der Printmedien sind das Telefon- und das Branchenverzeichnis die Standardinstrumente. Aufgrund der Vielzahl von Einträgen ist zu prüfen, ob sich für Sie gegebenenfalls eine Hervorhebung bzw. Gestaltung Ihres Klinikeintrags lohnt. Gleichzeitig ist oftmals ein Eintrag in die elektronischen Varianten dieser Medien möglich und auch sinnvoll.

Das Internet hat sich inzwischen für viele Zuweiser zu einer wichtigen Informationsquelle entwickelt. Hier findet sich eine Vielzahl von – teils kostenpflichtigen, teils kostenlosen – Klinik-Suchdiensten, die unter anderem von Städten und Gemeinden, Krankenkassen und Kassenärztlichen Vereinigungen angeboten werden. Aufgrund der kaum noch möglichen Überschaubarkeit der Angebote sollten Sie zunächst versuchen, sich in das – soweit vorhanden – Verzeichnis Ihres Wohnortes oder Ihrer Region einzutragen, um so Ihr Einzugsgebiet abzudecken. Wollen Sie überregional vertreten sein, sollten Sie die in Frage kommenden Anbieter unter folgenden Aspekten prüfen und vergleichen:

■ Wer ist der Betreiber des Klinik-Suchdienstes?

■ Wie groß ist der Adressenbestand?

■ Welche Kosten entstehen durch den Eintrag?

■ Nach welchen Klinikmerkmalen kann der Nutzer suchen?

■ Sind Kliniken aus dem eigenen Einzugsgebiet dort bereits vertreten?

Zudem können Sie mit dem folgenden Formular (Arbeitshilfe 49) eine detaillierte Bewertung kostenpflichtiger Dienste vornehmen. Notieren Sie zunächst alle Gestaltungsmerkmale, die die Dienste aufweisen, untereinander in der Spalte „Merkmale". Ordnen Sie dann jedem Merkmal einen Nutzenpunkt zu, der die Eignung des einzelnen Merkmales zur Unterstützung Ihrer Marketingarbeit beschreibt (beispielsweise von 0 = „kein Nutzen" bis 5 = „sehr großer Nutzen"). Vermerken Sie anschließend für jedes Merkmal den Punktwert bei den einzelnen Angebotsvarianten, bei denen es vorhanden ist (verfügt eine Variante nicht über das Merkmal, lassen Sie das Feld frei).

Gestaltung		Vari-ante 1	Vari-ante 2	Vari-ante 3	Vari-ante 4	Vari-ante 5	Vari-ante 6	Vari-ante 7	Vari-ante 8
Merk-male	Nutzen								
Summe Nutzenpunkte									
Kosten									
Kosten-Nutzen-Relation									

Arbeitshilfe 49: Kosten-Nutzen-Kalkulationsschema

Addieren Sie dann die Nutzenpunkte jeder Variante, und tragen Sie die Ergebnisse in der Zeile „*Summe Nutzenpunkte*" ein; vermerken Sie außerdem in der Folgezeile die Kosten jedes Angebots. Nun können Sie nach Ihren individuellen Vorstellungen in der Abschlusszeile eine vergleichende Bewertung der verschiedenen zur Verfügung stehenden Varianten vornehmen.

Verlassen Sie sich nicht darauf, Ihre Klinikangaben richtig übermittelt zu haben, sondern kontrollieren Sie Ihren Eintrag – ob er nun gedruckt oder elektronisch veröffentlicht wird – vor und nach der Schaltung unbedingt. Bestehen Sie bei Fehlern auf einer sofortigen Korrektur.

6.1.2   Pressearbeit

Ein von Kliniken in zunehmendem Maße genutztes Marketinginstrument ist die Pressearbeit. Sie bezieht sich in erster Linie auf regionale Medien, kann aber auch – je nach Einzugsgebiet einer Klinik – auf den überregionalen Bereich ausgeweitet werden. Voraussetzung für den Einsatz dieses Instrumentes ist, dass etwas Berichtenswertes zur Klinik
existiert. Dabei kann es sich um spezielle Leistungen handeln, die die Klinik anbietet, aber
auch um ein Jubiläum oder um ein Seminar, das Sie in Ihren Räumen anbieten.

Zur Übermittlung der relevanten Informationen an die Presse existieren verschiedene
Wege:

- Pressemeldung

    Der einfachste Weg zur Information der Presse ist eine Notiz (maximal eine DIN-A4-
    Seite). Um in der Flut täglich in Redaktionen eingehender Meldungen beachtet zu wer-
    den, sollte Ihre Pressemeldung möglichst kurz und prägnant formuliert sein. Zudem
    empfiehlt es sich, zusammengehörende Detailinformationen inhaltlich und formal zu
    einzelnen Abschnitten zusammenzufassen. Hilfreich ist auch die Bereitstellung von
    Fotos und Abbildungen.

- Pressegespräch

    Hierfür werden Journalisten der in Frage kommenden Medien in die Klinik zu einem
    informellen Gespräch eingeladen, im Laufe dessen die Anwesenden über relevante
    Sachverhalte informiert werden. Die Atmosphäre ist sehr persönlich und bietet vor al-
    lem die Möglichkeit eines intensiven und individuellen Informationsaustausches.

- Die Pressebesichtigung

    Geht es Ihnen vor allem darum, zum Beispiel ein in der Region einzigartiges medizin-
    technisches Gerät oder ein neues OP-Verfahren zu präsentieren, eignet sich die Pres-
    sebesichtigung besonders. Die Besichtigung sollte kompetent begleitet werden, und es
    ist hilfreich, wenn Ihre Mitarbeiter für Fragen und Fotos zur Verfügung stehen.

- Das Interview

    Das Interview ist nichts Anderes als ein Pressegespräch, jedoch mit nur einem Journa-
    listen. Eine Variante ist das Rundfunkinterview im Lokalradio.

- Reportage

    Hat das zu vermittelnde Thema einen hohen Aufmerksamkeitswert, bietet sich auch
    die Durchführung einer Reportage an. Ihr Vorteil ist, dass – über den eigentlichen An-
    lass hinaus – die Klinik als Ganzes eine Würdigung findet und auf diese Weise beson-
    ders gut profiliert werden kann.

Das für die Einweiserarbeit wichtigste Instrument ist die Pressemeldung. Arbeitshilfe 50 gibt eine Anleitung für die inhaltliche Entwicklung. Darüber hinaus sollten Sie bezüglich der formalen Gestaltung noch folgende Punkte beachten:

Nicht länger als eine einseitig bedruckte DIN-A4-Seite.

- 1,5 Punkt Zeilenabstand.

- 3 cm rechter Rand (für Bearbeitung durch die Journalisten).

- Gut lesbare Schriftart, zum Beispiel Times New Roman in Punktgröße 12.

- Textausrichtung linksbündig, kein Blocksatz.

- Klinikadresse im Kopf.

- Angabe von Ort und Datum.

- Knappe Formulierungen (kurze Sätze, keine Verschachtelungen).

- Füll- und Fremdwörter vermeiden.

Konzeptpapier „Klinik-Pressemeldung"
Hauptüberschrift (Headline): Wie lautet die schlagwortartig formulierte Kernaussage?
Unter-Überschrift (Subline): Welche Informationen sind ergänzend wichtig?
Einstieg (Teaser, Lead): Hinführung zum Thema
Mittelteil: Informationen, Erläuterungen, Einzelheiten (wer – was – wann – warum – wo – wie)
Schluss: Angaben zur Klinik, Kontaktmöglichkeiten

Arbeitshilfe 50: Konzeptpapier Klinik-Pressemeldung

Um die Adressen der zuständigen Redaktionen und die Namen der Redakteure zu ermitteln, reicht in vielen Fällen ein Blick in das Impressum der für Sie in Frage kommenden Zeitungen. Ist kein Ansprechpartner angegeben, können Sie den Namen über die Redaktion erfragen.

Für größere Krankenhäuser kann sich auch die Durchführung einer Pressekonferenz lohnen. Tabelle 6 zeigt, woran hierbei zu denken ist.

Gestaltungselement	Checkpunkte
Anlass	■ Den Anlass der Pressekonferenz in einer persönlich gehaltenen Einladung klar definieren (keine falschen Vorstellungen über die Bedeutung vermitteln). ■ Prüfung: Rechtfertigt der Anlass wirklich eine Pressekonferenz?
Termin	■ Den Termin möglichst so wählen, dass er nicht mit anderen voraussehbaren wichtigen, regionalen und/oder überregionalen Ereignissen kollidiert. ■ Nicht in die Ferienzeit oder kurz vor Festtage legen.
Budget	■ Feinplanung der Kosten: – Raummiete – Miete Projektionsgeräte – Bewirtung – bereitgestellte Materialien
Informationen	■ Vorab Informationen zur Verkehrsanbindung liefern. ■ Kurze Beschreibung zur Benutzung öffentlicher Verkehrsmittel ■ Lageplan beifügen. ■ Über Parkmöglichkeiten informieren.
Interne Organisation	■ Klinikmitarbeiter müssen Bescheid wissen und in Aufgaben eingewiesen werden. ■ Empfang der Journalisten durch ein Mitglied des Personals ■ Individuelle Begrüßung durch Geschäftsführer, Chefarzt, Verwaltungsleiter ■ Pünktlicher Beginn ■ Alle Mitarbeiter müssen Fragen nach dem „wo" und „wann" der Konferenz beantworten können.

Gestaltungselement	Checkpunkte
	■ Hinweisschilder im Gebäude aufhängen. ■ Gästeliste bereitlegen
Veranstaltungsraum	■ Hell und freundlich ■ Stühle, Tische, Podium, Klimatisierung, Garderobe, Flipchart, Pinwand ■ Bewirtung mit Kaffee, Tee, Orangensaft, Mineralwasser und Keksen ■ Bei längerer Dauer mit einem kleinen Imbiss, aber erst zu einem späteren Zeitpunkt (Pause!)
Informationsmaterial	■ Bereitstellung von übersichtlich geordnetem Informationsmaterial ist unabdingbar. ■ Am besten ist eine eigene Pressemappe der Klinik mit Logo, Adresse, Telefon- und Faxnummer auf dem Umschlag. ■ Schöne Mappen werden erfahrungsgemäß aufgehoben und später auch für andere Unterlagen verwendet, also immer wieder angesehen. ■ Dias bzw. Fotos oder Ausdrucke bereitlegen. ■ Mehrere Fotomotive zur Auswahl vorrätig haben (Hoch- oder Querformate) ■ Fotokopien in den Mappen müssen von guter Qualität sein. ■ Texte fehlerfrei ■ Notizpapier und Stifte bereitlegen ■ Ein Telefon muss in erreichbarer Nähe sein.
Ablauf	■ Die Pressekonferenz sollte zwischen 30 und 60 Minuten dauern, die Dauer hängt von der Wichtigkeit des Anlasses ab. ■ Nach der Begrüßung der Journalisten sollten die anwesenden Klinikmitarbeiter mit Namen und Funktion vorgestellt werden, eventuell Visitenkarten austauschen. ■ Werden im Verlauf der Konferenz Fragen gestellt, müssen sie freundlich und sachlich beantwortet werden, auch solche, die vielleicht als „dumm" oder „provozierend" empfunden werden.

Gestaltungselement	Checkpunkte
Ablauf	■ Bei nicht zu beantwortenden Fragen erfolgt am besten ein Hinweis auf eine spätere Beantwortung, wenn zum Beispiel in den benötigten Unterlagen recherchiert wurde.
	■ Absolut vermieden werden müssen „Direktiven" an die Journalisten, worüber berichtet werden sollte.
	■ Die Pressekonferenz sollte mit einem Dank an die anwesenden Journalisten für ihr Erscheinen enden.
	■ Ein Ansprechpartner sollte sich noch zur Verfügung halten, weil sich gerade danach oft noch wichtige Gespräche ergeben.
	■ Bildjournalisten und Fotografen nicht die ganze Konferenz über warten lassen.

Tabelle 6: Checkliste Klinik-Pressekonferenz

6.1.3 Das Klinik-Logo

Das stärkste visuelle Wiedererkennungszeichen, die Klammer für alle Einweisermarketingaktivitäten (und natürlich auch alle anderen Zielgruppenmaßnahmen), ist das Klinik-Logo. Es dient der visuellen Identifizierung und Differenzierung. Es ist ein Marken- und Gütezeichen Ihres Hauses und muss in seiner Gestaltung auf den speziellen Charakter Ihrer Dienstleistung abgestellt werden. Ziel des Klinik-Logos ist, dass Zuweiser, die dieses Zeichen sehen, sofort Ihre Klinik assoziieren. Da es eine ganze Zeit dauert, ehe ein Logo von Ihren Zuweisern „gelernt" wird, das heißt, bis sie die Assoziation mit Ihrem Haus unbewusst verinnerlicht haben, darf sein einmal festgelegtes Erscheinungsbild auch nicht verändert werden, da es erst durch die Kontinuität und mittels gleichförmiger Wiederholung im Bewusstsein Ihrer Zielgruppen verankert wird.

Welche Kennzeichen machen nun ein „gutes" Klinik-Logo aus? Es sollte vor allem

■ die Identität Ihrer Klinik repräsentieren,

■ leicht einprägbar sein,

■ skalierbar sein (bei Verkleinerungen ebenfalls gut erkennbar sein und bei Vergrößerungen die Wirkung behalten),

■ schwarz-weiß darstellbar sein (für Kopien und Telefax-Einsatz),

- möglichst aus wenigen Farben bestehen (Druckkosten!),

- auf dunklem und hellem Untergrund gleich gut aussehen.

Wie Sie sehen, ist schon bei der Entwicklung Ihres Logos eine Vielzahl von Aspekten zu beachten, die den späteren Druck und die Verwendung auf Ihren Kommunikationsmaterialien betreffen. Es ist deshalb gut, sich diese Aspekte vor Beginn der Logo-Entwicklung bewusst zu machen, damit man sich beim Entwurf nicht „vergaloppiert".

Aber wie kommen Sie nun an Ihr Logo? Vielleicht denken Sie zunächst an die Unterstützung durch eine Agentur.

Ich empfehle Ihnen, sich zunächst einmal selbst mit dieser Aufgabe zu beschäftigen. Erstens können Sie auf diese Weise wesentlich genauer bestimmen, welche Vorstellungen Sie über „Ihr" Logo haben, und zweitens findet sich in vielen Fällen bei diesen Überlegungen eine Lösung, die Sie dann eventuell vollständig selbst oder mit nur geringer Fremdunterstützung umsetzen können. Nutzen Sie zu diesem Zweck das in Arbeitshilfe 51 aufgeführte Gestaltungsraster.

		Klinik-name	Ort/Region	Thera-pieschwer-punkt	Leistungs-prinzip	Servi-ceaspekte	Freie Assozia-tion	Kombi-nationen
Form	Typogra-fisch							
	Geomet-risch							
	Bildlich							
	Illustriert							
	Symbolhaft							
	Kombiniert							
Farbe	Mono-chrom							
	Zweifarbig							
	Mehrfarbig							
Dimensi-on	Begrenzt							
	Freigestellt							

Arbeitshilfe 51: Gestaltungsraster für ein Klinik-Logo

Schritt 1: Ideensuche

Versuchen Sie in der Ausgangsposition für Ihre Ideenentwicklung nicht, gleich im ersten Schritt die richtige Lösung zu finden, sondern stellen Sie mehrere Ideen nebeneinander, die Ihnen besonders gut gefallen, und treffen Sie eine engere Auswahl erst später.

■ Name der Klinik

Beispielsweise kann der Klinikname – in ein Zeichen transferiert – als Logo-Basis fungieren.

■ Ort/Region

Ebenso sind örtliche und regionale Aspekte als Gestaltungsansätze verwendbar. Liegt Ihre Klinik vielleicht in der Nähe eines bekannten Kulturdenkmals? Dann könnte eine stilisierte Abbildung ein Teil Ihres Logos sein.

■ Therapieschwerpunkt

Über welche therapeutischen Schwerpunkte verfügen Sie? Lassen sich diese „auf den Punkt" bringen, zum Beispiel Orthopädie durch eine Knochendarstellung, Kardiologie durch eine EKG-Kurve oder Ähnliches?

■ Leistungsprinzip

Gibt es bestimmte Geräte, die schwerpunktmäßig eingesetzt werden? Bieten Sie komplette Therapiekonzepte an, sind Sie Arbeitsprogrammen oder -gemeinschaften angeschlossen? Bekommt man bei Ihnen eine Rundumversorgung?

■ Serviceaspekte

Welche Serviceleistungen erhalten Ihre Patienten? Setzen Sie auf den „Wohlfühlfaktor"? Steht bei Ihnen der Patient im Mittelpunkt?

■ Freie Assoziation

Natürlich können Sie Ihren Ideen auch freien Lauf lassen und nach Ansatzpunkten suchen, die außerhalb der genannten Punkte liegen.

■ Kombinationen

Nicht zuletzt sollten Sie prüfen, ob auch Kombinationen einzelner Punkte zu einer Idee für Ihr Klinik-Markenzeichen führen.

Schritt 2: Visuelle Umsetzung

Nun geht es darum, Ihren Ideenansatz in eine gestalterische Realität umzusetzen. Hierfür stehen Ihnen drei Umsetzungsarten zur Verfügung:

- Form

  - Typografisch

    Ihr Logo kann rein typografisch aufgebaut sein, d.h. aus Buchstaben und Symbolen bestehen. Gestaltungselemente sind hierbei die Schriftart, die Schriftgröße und der Buchstabenabstand.

  - Geometrisch

    Mit den geometrischen Grundformen Quadrat, Rechteck, Kreis, Ellipse, Dreieck und Linie steht Ihnen eine fast unüberschaubare Vielzahl von Gestaltungsmöglichkeiten zur Verfügung. Beachten Sie hierbei jedoch, dass jede Grundform unterschiedlich auf den Betrachter wirkt:

    Quadrat: Es strahlt Stabilität, Ruhe und Geschlossenheit aus, auf eine Spitze gestellt wirkt es dynamisch.

    Rechteck: Auch hier stehen Effekte wie Stabilität und Ruhe im Vordergrund, hochkant angeordnet erweckt es den Eindruck von Leichtigkeit und Dynamik.

    Kreis: Er ist ebenfalls ein Symbol der Geschlossenheit und Sicherheit, interessante Gestaltungsvarianten ergeben sich aus der Teilung des Kreises in Viertel und Hälften.

    Ellipse: Sie wirkt ähnlich wie der Kreis, sollte jedoch nicht hochkant verwendet werden (Instabilität).

    Dreieck: Es steht für Dynamik und hat eine Pfeil- und Warnwirkung.

  - Linie: Sie besitzt den größten Gestaltungsspielraum, ihre Wirkung entsteht jedoch erst im Kontext der Gesamtgestaltung.

- Bildlich

  Ein Logo kann auch aus einem – oder mehreren Bildmotiven bestehen, wenn sich das Charakteristische Ihrer Klinik hiermit am besten darstellen lässt. Zu beachten ist hierbei jedoch, dass aufgrund der Größe des Logos keine Bilder mit hohem Detaillierungsgrad verwendet werden sollten, da die Details später gar nicht mehr erkennbar sein werden. Das Bildmotiv muss deshalb einfach und möglichst plakativ sein.

  Bilder haben in einem Logo einen ganz besonderen Wert, denn sie sind schneller zu erfassen und zu verarbeiten als Text. Bilder werden zudem länger gespeichert und schneller abgerufen, Vorteile also, mit denen Sie die Ziele Ihres Logos nachhaltig erreichen können.

- Illustriert

  Es können auch Zeichnungen, Skizzen oder Stilisierungen verwendet werden.

- Symbolhaft

  Unser Leben ist durch eine Vielzahl von Symbolen – zum Beispiel Piktogramme – gekennzeichnet: das auf der Spitze stehende Dreieck als Halteschild, der Äskulapstab als Symbol für die Medizin, der mit seiner Spitze nach oben gerichtete Pfeil als Zeichen für Erfolg. Diese Symbole besitzen „gelernte" Bedeutungen, die für ein Logo verwendet werden können. Gleichzeitig ist darauf zu achten, dass Ihr Logo ja etwas Eigenständiges, Unverwechselbares darstellen soll und durch den Einsatz eines allgemein gültigen Symbols unter Umständen seine Kraft verliert.

- Kombiniert
- Beziehen Sie in den Kreationsprozess auch Überlegungen zum kombinierten Einsatz verschiedener Elemente ein.

■ Farbe

  Auch bei der Farbwahl haben Sie zunächst die Qual der Wahl. Eine Einschränkung ergibt sich aber von drei Seiten: erstens durch Ihr Klinikdesign. Das Logo sollte in seiner Gestaltung in den von Ihnen gewählten Designrahmen passen und – besser noch – diesen repräsentieren. Zweitens besitzen Farben die Eigenschaft, Eindrücke zu vermitteln, die Sie für Ihre Zeichengestaltung bewusst nutzen sollten, zum Beispiel Weiß:

  - positiv: frisch, sauber, rein, steril, leicht;
  - negativ: langweilig, eintönig

  Drittens sind die eingangs bereits erwähnten produktionstechnischen Aspekte zu beachten.

■ Dimension

  Ein weiterer Gestaltungsaspekt bezieht sich auf die Darstellung des fertigen Klinik-Logos: Soll es zum Beispiel einen Rahmen erhalten (Begrenzung), oder sieht es besser aus, wenn es freigestellt ist?

Schritt 3: Auswahl und Prüfung

Zum Ende des Ideenfindungs- und Gestaltungsprozesses verfügen Sie im Idealfall über drei Möglichkeiten, die nun zur Auswahl stehen. Zunächst sollten Sie nun die Größe des Logos variieren, am einfachsten mithilfe Ihres Kopierers. Welches Signet sieht auch verkleinert und vergrößert immer noch so gut aus wie das Original? Eine zweite Prüfinstanz sind Ihre Kollegen und Mitarbeiter. Diese können eine pragmatische Entscheidung fällen, welche Variante geeignet ist und welche nicht.

6.1.4   Die Zuweiserbroschüre

Die Zuweiserbroschüre gehört zur Marketinggrundausstattung einer Klinik. Sie ist unter Kosten-Nutzen-Gesichtspunkten ein ideales Medium der Klinikpräsentation. In anderen Branchen wird sie als Image- oder Firmenbroschüre bezeichnet. Mit ihrer Hilfe können zuweisende Ärzte – vor allem in der Aufbauphase von Kontakten – schnell und umfassend über alle sie interessierenden Aspekte einer Klinik informiert werden. Damit entsprechen Sie nicht nur den Erwartungen zuweisender Ärzte, sondern erleichtern auch sich und Ihren Mitarbeitern die Arbeit, da viele Details nicht mehr – immer wieder neu – im direkten Gespräch erklärt werden müssen. Darüber hinaus ermöglicht eine solche Broschüre, in zulässigem Rahmen Marketing und Imagewerbung für das Dienstleistungsunternehmen Krankenhaus zu betreiben. So kann eine Klinik mithilfe von Bildern (Ärzte, Mitarbeiter, Geräte, Räume etc.) und Beschreibungen („Unsere Klinikphilosophie", „Was Sie von uns erwarten können") vorgestellt und hierdurch eine positive Grundstimmung bei den Zuweisern erzeugt werden. Insgesamt gilt: Mit der Zuweiserbroschüre wird zum einen über die jeweilige Klinik informiert und zum anderen das Image gestärkt. Aus diesem Grunde ist sie ein hervorragendes Marketinginstrument.

Tabelle 7 zeigt, aus welchen inhaltlichen Bausteinen eine Zuweiserbroschüre bestehen sollte.

Gliederungspunkt	Inhalt	Zielsetzung
Einleitung	Darstellung des Zwecks der Broschüre	Unterbreitung eines Kooperationsangebotes
Die Klinik	Klinik-Positionierung: ■ Definition der Leistungsziele im Hinblick auf die Kooperation mit niedergelassenen Ärzten ■ Definition der Leistungsschwer-punkte Klinikgeschichte ■ Seit wann besteht die Klinik? ■ Entwicklung im Zeitablauf	Präsentation des Klinik-profils: ■ Was ist unsere Aufgabe, und wie sehen wir unseren Auftrag? ■ Schaffung von Transparenz

Gliederungspunkt	Inhalt	Zielsetzung
	Ärzte ▦ Qualifikationen ▦ Spezialisierungen ▦ besondere Fähigkeiten	
Das medizinische Leistungsspektrum	Leistungsangebot ▦ Krankheitsbilder, Indikationen ▦ Diagnose- und Therapieverfahren ▦ Therapieprogramme	Konkretisierung des Klinikangebotes als Dienstleistung für den niedergelassenen Arzt („Nutzen" für die Praxis)
	Ressourcenausstattung Personal Ausbildung, Qualifikation Geräte (Ausstattung, technischer Stand) Aufbau- und Ablauforganisation Ansprechpartner Organisatorische Abläufe	Information der Zuweiser für die Gespräche mit dem zuzuweisenden Patienten
Das nicht medizinische Leistungsspektrum	Serviceleistungen	Beschreibung des Serviceumfangs und der Atmosphäre
Schlussbetrachtung	Adresse und Lage der Klinik Verkehrsanbindung Telefon und Telefax Durchwahl der Ansprechpartner E-Mail-Adresse Internetadresse	Erreichbarkeit und Kommunikationsmöglichkeiten darstellen

Tabelle 7: Inhalte einer Zuweiserbroschüre

Eine Zuweiserbroschüre entwickeln Sie in drei Arbeitsschritten:

Schritt 1: Konzeption (Festlegung der Inhalte)

Zunächst ist festzulegen, was zuweisende Ärzte über Ihre Klinik und Ihre Arbeit erfahren sollen (Inhalte). Hierzu zählen sicherlich organisatorische Dinge, aber darüber hinaus eben auch die Aspekte der Leistungsphilosophie. Unter Verwendung der Checkliste (Arbeitshilfe 52) können die Inhalte eingegrenzt werden.,

Inhalte		Berück-sichtigt?		Antworten/ Anmer-kungen
		ja	nein	
1 Art der Klinik		☐	☐	
2 Adresse der Klinik	2.1 Straße, PLZ, Ort	☐	☐	
3 Erreichbarkeit der Klinik	3.1 Telefonnummer	☐	☐	
	3.2 Telefax-Nummer	☐	☐	
	3.3 Handy-Nummer	☐	☐	
	3.4 E-Mail-Adresse	☐	☐	
	3.5 Adresse der Internetseite	☐	☐	
	3.6 Gibt es eine telefonische Hot-line oder ein Servicetelefon für Fragen?	☐	☐	
	3.7 Können Anfragen auch per Fax geschickt werden?	☐	☐	
	3.8 Sollen auch allgemeine Tele-fonnummern (Notfallzentrale oder Ähnliches) aufgeführt werden?	☐	☐	
4 Verständigung	4.1 Werden mehrere Sprachen gesprochen? Wenn ja, welche?	☐	☐	
	4.2 Gibt es Informationsblätter in verschiedenen Sprachen? Wenn ja, in welchen?	☐	☐	

Inhalte		Berück-sichtigt?		Antworten/ Anmer-kungen
		ja	nein	
5 Öffnungszeiten	5.1 Verwaltung, Patientenaufnahme	☐	☐	
	5.2 Ärztliche Sprechstunden	☐	☐	
6 Lage der Klinik	6.1 Mit welchen öffentlichen Verkehrsmitteln kann die Klinik erreicht werden?	☐	☐	
	6.2 Wo befinden sich die Parkplätze?	☐	☐	
	6.3 Wo befinden sich welche Klinikteile?	☐	☐	
7 Umfeld der Klinik	7.1 Gibt es einen Park?	☐	☐	
	7.2 Wo befindet sich die Cafeteria?	☐	☐	
8 Leitende Mitarbeiter der Klinik	8.1 Name, Vorname, Titel	☐	☐	
	8.2 Funktion, Aufgabenbereich	☐	☐	
	8.3 Beruflicher Werdegang	☐	☐	
9 Kooperation	9.1 Ist die Klinik in regionale Netze oder Ähnliches eingebunden? Wenn ja, Name, Beschreibung?	☐	☐	
	9.2 Arbeiten Sie mit anderen Dienstleistern zusammen (Ergotherapeuten, Feldenkrais etc.)?	☐	☐	
10 Termine	10.1 Wie können Termine vereinbart werden?	☐	☐	
11 Leistungsprofil	11.1 Richten sich Ihre Leistungen an bestimmte Patientengruppen?	☐	☐	
	11.2 Gibt es Schwerpunktindikationen, auf die die Klinik spezialisiert ist?	☐	☐	

11 Leistungsprofil	11.3 Welche Leistungen bieten Sie konkret an (systematisierte Kurzbeschreibung)?	☐	☐	
	11.4 Was ist – in kurzen Stichworten – das Besondere der einzelnen Leistung, und was hat der Zuweiser davon?	☐	☐	
	11.5 Bieten Sie darüber hinaus Seminare, Gruppenberatungen, Gruppen-Patientengespräche oder Ähnliches an? Wenn ja, zu welchen Themen und für welche Patienten? Wie kann man sich anmelden?	☐	☐	
	11.6 Sind Erweiterungen geplant?	☐	☐	
12 Corporate Identity	12.1 Existiert ein Klinik-Logo?	☐	☐	
	12.2 Ist die Klinik nach einem bestimmten Farbprinzip gestaltet? Wie sieht dieses aus?	☐	☐	
	12.3 Wird eine bestimmte Typologie verwendet?	☐	☐	
13 Hintergrundinformationen zur Klinik	13.1 Gibt es Bemerkenswertes/ Interessantes zur Geschichte der Klinik zu berichten?	☐	☐	
	13.2 Gibt es eine Klinik-Leistungs-philosophie (Was kann der Zuweiser von der Klinik erwarten? Was ist das Besondere der Klinik, das sie von anderen unterscheidet)?	☐	☐	
	13.3 Gibt es Erwartungen seitens der Klinik an die Zuweiser?	☐	☐	

Inhalte	Berück-sichtigt?		Antworten/Anmer-kungen
	ja	nein	
13.4 Wie sehen die Qualitätsma-nagementmaßnahmen aus?	☐	☐	
13.5 Werden die Mitarbeiter regel-mäßig fortgebildet? Wenn ja, auf welchen Gebieten?	☐	☐	
13.6 Hat die Klinik ein Motto oder einen Leitsatz?	☐	☐	
14 Gestaltung 14.1 Soll die Broschüre an jeden Zuweiser als „persönliches Exemplar" ausgegeben wer-den? (In diesem Fall wird auf der Vorderseite ein entspre-chendes Feld eingefügt)	☐	☐	
14.2 Soll die Broschüre Bilder beinhalten (Ärzte, Mitarbei-ter, Empfangsbereich etc.)? Wenn ja, wie viele?	☐	☐	
14.3 Existiert bereits eine Vorstel-lung über den Titel der Bro-schüre (zum Beispiel Zuwei-serinformation, Zuweiserwegweiser, Kompass etc.).	☐	☐	
15 Weitere Punkte 15.1 Gibt es Inhalte, die bislang über die aufgeführten Punkte nicht erfasst wurden, aber unbedingt in Ihre Broschüre aufgenommen werden soll-ten?	☐	☐	

Arbeitshilfe 52: Checkliste zur Festlegung der Inhalte für die Zuweiserbroschüre

Bestimmen Sie, welche Informationen Sie an Ihre Zuweiser weitergeben möchten, und halten Sie diese stichwortartig in den Zeilen der Arbeitshilfe 53 fest. Grenzen Sie sich an dieser Stelle noch nicht im Hinblick auf die Anzahl der auszuwählenden Punkte ein.

Inhalte der Klinikbroschüre	Priorität

Arbeitshilfe 53: Konzeptskizze zur Entwicklung von Klinikbroschüreninhalten

Bestimmen Sie dann, welche der von Ihnen ausgewählten Punkte die wichtigsten, die wichtigen und ergänzend wichtigen sind, und bewerten Sie diese Entscheidung mit der Vergabe der Prioritätskennziffern 1 (sehr wichtige Information), 2 (wichtige Information) und 3 (ergänzend wichtige Information). Gehen Sie alle Ihre Punkte durch, und tragen Sie Ihre Beurteilung in der Spalte "Priorität" der Konzeptskizze ein. Informationen, die in Ihren Augen gleichwertig sind, erhalten auch die gleiche Prioritätskennziffer.

Nun beginnt die eigentliche Arbeit: Formulieren Sie – am besten in Halbsätzen – aus, welche Details zu den von Ihnen mit der Priorität 1 bewerteten Punkten in Ihrer Broschüre mitzuteilen sind. Erfahrungsgemäß lassen sich bestimmte Informationen kurz und knapp (zum Beispiel die Sprechzeiten der Chefärzte) darstellen, andere sind beschreibungsbedürftig und komplexer (zum Beispiel das Spektrum der Klinikleistung). Wichtig ist natürlich auch der Broschürentitel. Hierzu einige Vorschläge:

- Information für zuweisende Ärzte

- Klinikinformation – Hinweise für zuweisende Ärzte

- Persönliche Klinikinformation

- Klinik-Info

- Klinik-Wegweiser

- Klinik-Wegweiser – Information für einweisende Ärzte

- Informationen für unsere ärztlichen Kooperationspartner

- Zuweiserinformationsblatt

- Informationsbroschüre für Zuweiser

- Klinikporträt

- Klinikführer für Zuweiser

- Informationsblatt für Zuweiser

- Klinikkompass

- Klinikkompass mit nützlichen Informationen zu Ihrer Orientierung

- Treffpunkt Klinik

- Klinikbegleiter

- Tipps für Zuweiser

- Klinik-Panorama

- Klinikleitfaden

- Unsere Klinik – Informationen für Zuweiser

Schritt 2: Gestaltung

Einen Anhaltspunkt für die Gestaltung gibt Tabelle 8.

Gestaltungsbereich	Gestaltungsmerkmal	Zuweiseranforderung
Form	Format	Handlich („Westentaschen-Format")
	Papierqualität	Nicht knitterndes Papier, möglichst mit versiegelter Oberfläche (schmutzabweisend)
	Druckqualität	Die Qualität von Werbeprospekten bildet den Referenzstandard
Anmutung/Design	Übersichtlichkeit	Klare Struktur durch Absätze, man möchte sich schnell orientieren können
	Großzügigkeit	Freiflächen zwischen Texten und Bildern, zu viel Text schreckt ab
	Attraktivität	Kombination von Farben, Formen und Bildern
	Personalisierung	Anrede der Zuweiser, Bilder von Ärzten und Mitarbeitern
	Corporate Identity	Eine durchgehende Gestaltungslinie aller Klinikunterlagen wirkt professionell
Visuelle Gestaltung	Farben	Broschüre sollte unbedingt mehrfarbig sein
	Formen	Grafische Symbole dienen der Auflockerung
	Bilder	Machen die Klinik anschaulich, ein Muss-Bestandteil
	Klinik-Logo	Wird von einer „guten" Klinik erwartet
Textliche Gestaltung	Typografie	Gut lesbare Schrift
	Textmenge	Inhalte knapp darstellen, kurze Aufzählungen erleichtern die Übersicht
	Verständlichkeit	Schnell verständliche Darstellung der Inhalte
	Gliederung	Überschriften und Absätze
	Satzstruktur	Möglichst kurze Sätze

Tabelle 8: Gestaltungsoptionen für Zuweiserbroschüren

Nach Festlegung der einzelnen Gestaltungsparameter und unter Einbeziehung der fixierten Inhalte (als Text ausformuliert) können Sie einen Broschüren-Rohentwurf erstellen. Dies kann als einfache, per Hand gezeichnete Skizze, aber auch per Computer erfolgen. Eine Hilfestellung gibt Ihnen der Strukturierungsvorschlag in Abbildung 5. Diese Skizze – zusammen mit dem Text – dient dann als Vorlage für die umsetzende Druckerei oder Agentur. Hierbei gilt: Je detaillierter und präziser die Vorlage, desto besser das Endergebnis. Außerdem sollte der Rohentwurf nochmals einigen zuweisenden Ärzten zur Beurteilung vorgelegt werden.

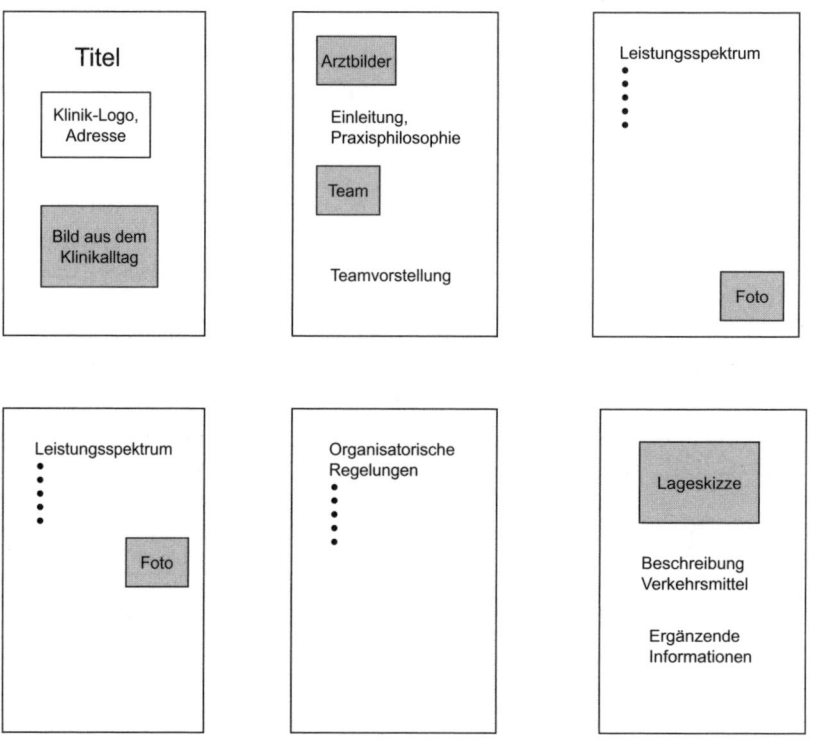

Abbildung 5: Strukturierungsvorschlag für eine Klinikbroschüre

Schritt 3: Produktion

Mithilfe des Rohentwurfes können dann gezielt (kleinere) Werbeagenturen und/oder Druckereien angesprochen werden. Diese erstellen dann Angebote, die Sie miteinander vergleichen können.

6.1.5   Die Klinikzeitung

Die Klinikzeitung ist in der Tradition der Kundenzeitschrift zu sehen und bietet eine weitere Möglichkeit, Ihre Zuweiser über Ihre Klinik zu informieren. Sie benötigen übrigens keine speziell für Zuweiser entwickelte Zeitung, sondern können das Medium nutzen, das sich auch an Patienten und Besucher wendet. Mit einem Umfang zwischen vier und sechs Seiten, am besten im DIN-A4-Format, ist die Zeitung gerade richtig bemessen. Als Erscheinungsrhythmus sind jährlich vier Ausgaben ideal, die Ihnen genügend Zeit für die Entwicklung der einzelnen Nummern lassen. Inhaltlich beschäftigt sich die Zeitung mit allem, was für Patienten, Besucher und Zuweiser im Zusammenhang mit Ihrer Klinik wichtig und interessant sein kann. Um welche Punkte es sich hierbei handeln kann, wird anhand der folgenden drei Themenbereiche „Klinikteam", „Leistungsangebot" und „Organisation" dargestellt:

■ Klinikteam

▶ Sie haben neue Mitarbeiter? Stellen Sie sie vor.

▶ Pflegekräfte haben einen Weiterbildungskurs absolviert? Das sollten Sie schnellstmöglich allen Klinikbesuchern mitteilen.

▶ Ärzte haben eine spezielle medizinische Fortbildung besucht? Lassen Sie Ihre Leser an den Inhalten teilhaben.

▶ Eine Abteilung hat einen Ausflug gemacht? Halten Sie ihn fotografisch (Digitalkamera) fest, und geben Sie einen Einblick in die Harmonie des Teams.

■ Leistungsangebot

▶ Sie bieten Behandlungen mit saisonalem Bezug an? Sagen Sie, was Sie tun und wie Patienten rechtzeitig von Ihrer Therapie profitieren.

▶ Kennen alle Patienten Ihr Angebot? In der Klinikzeitung können Sie die einzelnen Bausteine patientengerecht beschreiben.

▶ Ein bestimmtes medizinisches Thema, dem sich auch Ihre Klinikarbeit widmet, ist in der Presse hochaktuell? Nutzen Sie diese Entwicklung, und stellen Sie die Möglichkeiten Ihres Hauses heraus.

▶ Sie haben einen Patientenvortrag gehalten? Die wichtigsten Punkte sind sicherlich auch für Patienten, die nicht teilgenommen haben, interessant.

▶ Sie haben ein neues medizintechnisches Gerät angeschafft? Demonstrieren Sie die Möglichkeiten, die sich hierdurch bieten.

■ Organisation

▶ Sie bieten ein Recall-System für Kontrolluntersuchungen an? Erläutern Sie die Vorteile dieses Verfahrens.

▶ Ihr Internetauftritt bietet Neues? Präsentieren Sie die Inhalte.

Ihre Klinikzeitung muss nicht als Hochglanzbroschüre produziert werden, es reicht vollkommen, wenn sie – farbig gestaltet – mit einem Farbdrucker oder -kopierer realisiert
wird. Für die konkrete Umsetzung reichen bereits die marktgängigen Schreibprogramme aus, eine professionelle Desktop-Publishing-Software wird nicht unbedingt benötigt.
Die Schreibprogramme verfügen zum Teil bereits über Vorlagen, mit deren Hilfe vier- bis
sechsseitige Zeitungen erstellt werden können.

Die vierteljährliche Entwicklung und Produktion der Zeitung ist auch ein Instrument zur
Förderung des Teamgeistes Ihrer Mitarbeiter. Überhaupt ist es sinnvoll, Ihrer Belegschaft
nach Benennung eines Projektverantwortlichen und eines Redaktionsteams, das auch von
Ausgabe zu Ausgabe wechseln kann, dieses Projekt möglichst weitgehend zu überlassen.

Legen Sie aber auf jeden Fall einen Zeitplan fest, der die Arbeit strukturiert, beispielsweise so:

■ Sieben Wochen vor Erscheinen:

   – Festlegung der Themen;
   – Aufteilung der Seiten;
   – Erstellung eines Beschaffungsplans (welche Unterlagen, Fotos etc. werden benötigt,
      woher bekommt man sie?
   – Fixierung des weiteren Vorgehens (wer macht was bis wann?).

■ Drei Wochen vor Erscheinen

   – Fertigstellung des Layouts mit allen Texten und Bildern;
   – Freigabe durch den Projektverantwortlichen;
   – gegebenenfalls Durchführung von Veränderungen.

■ Eine Woche vor Erscheinen

   – Druck der Klinikzeitung.

6.1.6   Mailings

Nach wie vor zählt die schriftliche Information zuweisender niedergelassener Ärzte mittels Mailings zu den Standardmarketinginstrumenten. Die Vorteile liegen vor allem in

■ einer hohen Streusicherheit, da die Anschriften der in Frage kommenden Praxen bekannt sind,

■ einer hohen Handlungsaktivierung, wenn die Inhalte interessant sind, sowie

■ einer günstigen Kosten-Nutzen-Relation.

Interessante Patientenfälle, Neuigkeiten aus der Klinik, ein Chefarztwechsel, die Anschaffung eines neuen diagnostischen Gerätes, die in Mailings mitzuteilenden Themen sind vielfältig. Ein nachhaltiger Effekt entsteht aber erst dann, wenn Sie Ihre Mailings regelmäßig verschicken. Um für Ihre Mailings bei Ihrer Einweiserzielgruppe eine Bekanntheit aufzubauen, ist es notwendig, mit sechs bis acht Aussendungen im Abstand von drei Wochen zu beginnen; danach können Sie die Abstände vergrößern, die Frequenz muss aber beibehalten werden.

In den Bereich der Mailings fällt auch der Klinik-Newsletter, ein hervorragendes Instrument zur Kontaktintensivierung und Klinikdarstellung. Unaufwändig gestaltet (schwarzweiß, zweiseitig im DIN-A4-Format) und monatlich an die Einweiserzielgruppe verschickt, ist er ein kostengünstiges und kommunikationsstarkes Marketinginstrument. Großes Interesse herrscht bei niedergelassenen Ärzten immer, wenn es um Kasuistiken geht. Inhaltlich kann ein Newsletterkonzept deshalb zum Beispiel aus der Beschreibung diagnostischer und therapeutischer Maßnahmen bei ungewöhnlichen Patientenfällen bestehen, soweit vorhanden ergänzt um Vorher-Nachher-Bilder.

Damit ein Wiedererkennungseffekt eintritt, genügt aber nicht nur die Frequenz. Vielmehr müssen Ihre Mailings eine durchgängige inhaltliche und gestalterische Linie aufweisen, die eng mit der Corporate Identity Ihres Hauses verbunden ist. Es kommt darauf an, dass die Inhalte, die Sie in den einzelnen Medien Ihres Einweisermarkerings vermitteln, aufeinander abgestimmt sind. Das, was Sie in Ihrer Klinikbroschüre sagen, muss auch – zumindest sinngemäß – in Ihren Mailings erscheinen. Man spricht in diesem Zusammenhang auch von inhaltlicher Identität oder Positionierung. Darüber hinaus ist es ebenso wichtig, dass die Zuweiser auch von der Gestaltung her erkennen, dass es sich um Ihre Medien handelt. Egal, ob sie eine Visitenkarte, eine Broschüre oder ein Mailing erhalten, es muss für sie sofort, eindeutig, unverwechselbar und wiedererkennbar deutlich werden, dass diese Unterlagen aus Ihrer Klinik stammen. Diesen Eindruck schaffen Sie über eine visuelle Identität bzw. Positionierung.

Einheitlichkeit und Wiedererkennbarkeit werden in Ihren Mailings neben der Verwendung des Klinik-Logos hergestellt durch

- die Schriftart,

- die Schriftgröße,

- den Buchstabenabstand,

- den Zeilenabstand und

- die Linienstärke.

Ein weiteres Kenzeichen von Mailings ist, dass sie keine „Einbahnstraße" sind, sondern für einen Dialog mit Ihren Zuweisern genutzt werden können. Bieten Sie hierfür zum Beispiel eine Abrufmöglichkeit für weiterführende Informationen. Alle reagierenden Ärzte werden dann mit einem entsprechenden Merkmal in der Zuweiserdatei versehen und können zu einem späteren Zeitpunkt bedarfsgerecht angesprochen werden. Zudem können die

Rücklaufquoten themenspezifisch und arztbezogen ausgewertet werden. So erhalten Sie konkrete Ansatzpunkte über die Interessen Ihrer Zuweiser.

Die Auflage einer Mailingserie verlangt eine gute thematische Vorbereitung. Tabelle 9 zeigt Ihnen den Aufbau einer aus acht Mailings bestehenden Serie.

Mailing	Inhalt	Anforderungs-möglichkeit
1	Auftakt der Mailingserie	Klinikbroschüre
2	Das Leistungsprofil der Klinik	Zusammenstellung der wichtigsten Punkte des Leistungsprofils mit Ansprechpartnern
3	Präsentation von Abteilung A	Broschüre von Abteilung A
4	Fortbildungsaktivitäten des Krankenhauses für zuweisende Ärzte	Veranstaltungskalender
5	Präsentation von Abteilung B	Broschüre von Abteilung B
6	Das Krankenhaus im Spiegel der Presse	Zusendung eines Pressespiegels
7	Einweiserbefragung: In welchen Bereichen ist die Zusammenarbeit verbes-serungswürdig?	Fragebogen
8	Einladung zu einer Fort-bildungsveranstaltung	Teilnehmerausweis

Tabelle 9: Ablauf und Inhaltsvorschläge für ein Einweisermailingkonzept

Darüber hinaus können Sie die Attraktivität Ihrer Mailings durch Beilagen für Zuweiser, wie zum Beispiel eine Telefonliste mit den Durchwahlen der Ansprechpartner aus den einzelnen Abteilungen, weiter steigern.

Täglich erhält ein niedergelassener Arzt eine Flut von Post, vieles hierbei ist Werbung, die im Vorfeld durch die Arzthelferin aussortiert wird. Aus diesem Grund empfiehlt es sich, die Arzthelferinnen als wichtige Informationsschaltstelle in Ihr Konzept einzubeziehen und auf dem Umschlag Ihrer Mailings einen Vermerk zu platzieren, dass der Brief wichtige Informationen über Ihr Krankenhaus enthält. Dies kann durch eine Ansprache der Helferin über einen kleinen Vermerk auf der Rückseite des Umschlages erfolgen, etwa in der

Art *"Sehr geehrte Helferin, dieser Brief enthält wichtige Informationen für Ihren Arzt zum Krankenhaus X. Bitte leiten Sie sie an ihn weiter. Herzlichen Dank."*

Neben der Realisierung einer solchen Serie können Mailings natürlich auch für Sonderthemen, zum Beispiel für die Einladung zu Veranstaltungen, genutzt werden.

6.1.7 Klinik-Internetpräsentation

Galt eine Internet-Homepage für Krankenhäuser noch vor wenigen Jahren als Spielerei und überflüssig, hat die Bedeutung dieses Mediums bis heute deutlich zugenommen – und die Tendenz ist weiter steigend. Die Ursachen hierfür sind vielfältig: kostengünstige und leicht handhabbare Onlinezugänge, eine sich immer weiter entwickelnde Akzeptanz und Verbreitung des Internets in Bevölkerung und medizinischen Fachkreisen sowie die immer komfortableren und zeitsparenderen Möglichkeiten, eigene Internetauftritte umzusetzen. Hinzu kommt die ständig größer werdende Anzahl von Internetnutzern, die sich auch für Gesundheitsthemen interessieren. Für sie ist die Tatsache, dass eine Klinik im Netz vertreten ist, inzwischen ein Beleg für Professionalität und Zukunftsorientierung des jeweiligen Krankenhausbetreibers.

Die Bedeutung einer eigenen Internetpräsenz nimmt für Kliniken sogar überproportional zu. Im Mittelpunkt stehen hierbei nicht nur die genannten Imagegesichtspunkte, sondern vor allem auch die Nutzung für die Zusammenarbeit mit zuweisenden Ärzten im Rahmen von Zuweiserportalen. Diese Portale bieten die Möglichkeit, über geschützte Bereiche Patientendaten auszutauschen (Stichwort: elektronische Patientenakte) und Organisatorisches zu klären, aber auch, über Neuerungen zu berichten und auf Veranstaltungen hinzuweisen. Doch die Funktionen sind in der Regel nicht das zentrale Problem der Krankenhaus-Homepages, sondern deren Gestaltung. Das Erfolgsrezept hierbei lautet: Den Nettonutzen optimieren und das Dienstleistungsdesign profilieren!

Die Gestaltung der meisten Klinik-Internetpräsenzen orientiert sich an weichen Kriterien, wie zum Beispiel dem eigenen ästhetischen Empfinden, der Aufmachung anderer Seiten oder vorgefertigten Vorschlägen. Potenzielle Nutzer werden selten befragt.

Der professionelle Einsatz einer Homepage im Kommunikations- und Marketing-Mix eines Krankenhauses benötigt aber ein objektivierbares und vor allem gestalterisch anwendbares Grundraster: den Nettonutzen, den der Zuweiser erhält. Der ergibt sich aus dem Nutzen, den zuweisende Ärzte aus dem Aufruf der Seiten gewinnen, zum Beispiel in Form der erhaltenen Informationen, abzüglich der Kosten hierfür. Diese bestehen zunächst rein quantitativ aus den Kommunikationskosten. Darüber hinaus spielen aber auch qualitative Aspekte eine Rolle. Welcher Internetnutzer hat nicht schon die Erfahrung gemacht, dass eine auf der Startseite angekündigte Information erst nach Durchforstung aller Seiten ganz versteckt entdeckt werden konnte oder Links in die Leere führten? Auch diese Aspekte fallen als qualitative Elemente in den Bereich der Kosten und werden gegen den Nutzen aufgerechnet.

Um der realen Betrachtungssituation von Homepages gerecht zu werden, ist zwischen dem primären und dem sekundären Nettonutzen zu unterscheiden. Der primäre Nettonutzen bezieht sich auf die Startseite und bezeichnet hier die Motivation zum „Durchklicken". Aus der Gestaltung der entsprechenden Merkmale entsteht ein Aktivierungsgrad, der den Zuweiser dazu veranlasst, sich mit den nachfolgenden Inhaltsseiten des Auftritts näher zu beschäftigen. Lädt ein hoher primärer Nettonutzen den Besucher in den Auftritt ein, spiegelt der sekundäre Nettonutzen die Gesamtbilanzierung der Inhaltsseiten für den Besucher wider.

Wie kann man aber nun einen hohen positiven Nettonutzen erzielen? Animationen und Effekte wie auf den Seiten großer Industrieunternehmen sind schon aus Kostengründen gar nicht möglich. Doch hierauf legen Zuweiser auch gar keinen Wert. Ihnen geht es vielmehr um eine Synthese aus attraktiver Visualität und detaillierter Information über die Klinik selbst. Die folgenden Gestaltungstipps geben einen ersten Einblick, wie diese Synthese gezielt gestaltet werden kann.

Den zentralen Schlüsselreiz für die Erstnutzung und vor allem für zukünftige Besuche eines Internetauftrittes setzt die Startseite. Werden deren „First-Impression"-Signale nicht richtig gesetzt, erfolgt meist ein sofortiger Abbruch der Betrachtung, und spätere Rückgriffe bleiben aus. Neben dem ästhetischen Gefallen kommt es dabei vor allem auf die Prägnanz der Informationen an, die zu einem Einstieg in den Auftritt veranlassen.

Von entscheidender Bedeutung ist, dass die visuelle Gestaltung der Startseite vollständig an den Corporate-Identity-Standards Ihrer Klinik orientiert ist. Nur auf diese Weise gelingt es Ihnen, eine Durchgängigkeit des Eindrucks vom virtuellen bis zum tatsächlichen Besuch Ihres Hauses zu erzielen. Viele Internetagenturen raten immer wieder zu kräftigen Farben, prägnanten Schriften und plakativen Abbildungen („Ihr Auftritt muss dem Betrachter gleich ins Auge springen!"). Die Zuweiser sind da jedoch ganz anderer Meinung: unseriös, übertrieben und unglaubhaft sind die Attribute, die solche Homepages erhalten. Bei Klinik-Homepages steht aus Sicht der Zuweiser der informative Aspekt im Vordergrund, jegliche Effekthascherei wertet dieses Anliegen ab. Insgesamt gilt (auch für die Inhaltsseiten): Die Qualität Ihrer Klinikleistung wird an der Qualität der visuellen Elemente gemessen. Verwenden Sie Abbildungen oder Grafiken, müssen diese perfekt sein, starke Rasterungen oder Überdimensionierungen gehören zu den „Todsünden".

Zuweiser sind aufgrund ihrer knappen Zeit sehr ergebnisorientiert, sie möchten schnell zu den gewünschten Informationen gelangen. Dies stellt eindeutige Anforderungen an die Organisation Ihres Auftritts, die eine möglichst präzise und damit schnelle Orientierung bieten sollte. Es zählt zu den Vorzügen guter Internetauftritte, dass sie über ein einfaches Navigationssystem verfügen, das schnelle Vor- und Rückgriffe zulässt und dem Nutzer jederzeit anzeigt, wo er sich gerade befindet (Standortkonzept). Auf diese Weise wird sichergestellt, dass der Zuweiser schnell und zielgerichtet zu den gewünschten Informationen gelangt.

Neben der Navigation zwischen Seiten und Themenpunkten hat die Strukturierung der Inhalte auf den einzelnen Seiten einen zentralen Einfluss auf das Nutzerverhalten und auf die Beurteilung der Qualität eines Auftritts.

Im Mittelpunkt der visuellen Gestaltung der Inhaltsseiten steht die Lesbarkeit der Texte. Diese resultiert nicht nur aus der gewählten Schriftart und -größe, sondern auch aus der Präsentationsform der Textabschnitte. Beurteilungsparameter sind hierbei die Textmenge sowie ihre Art der Darstellung. Zuweiser erwarten, dass die wesentlichen Inhalte auf einen Blick erfassbar sind und umfangreichere Informationen per Download angeboten werden.

Je persönlicher Internetauftritte gehalten sind, desto nachhaltiger die Eindrücke, die sie bei den Nutzern hinterlassen. Die Erwartungshaltung geht dabei eindeutig in Richtung einer Personifizierung der vorgestellten Ärzte und ihrer Mitarbeiter mittels Fotos und individueller Profile (Ausbildung etc.).

Internetseiten können viel mehr als nur informieren. Anders als eine Klinikbroschüre oder ein Informationsblatt können sie Informationen in beide Richtungen transportieren. Vor dem Hintergrund der bereits erwähnten Nutzenorientierung der Zuweiser hält die Internetseite die Möglichkeit bereit, eine Anfrage zu starten oder Informationen, zum Beispiel eine Klinikbroschüre oder ein Informationsblatt, zu bestellen. Je weiter diese durch entsprechende Formulare und Ankreuz-Möglichkeiten vorstrukturiert sind, desto einfacher kann nicht nur die Absendung erfolgen, sondern umso mehr Kontakte erhält Ihre Klinik.

Die Optimierung der Nutzenkategorien ist jedoch nur eine Komponente Ihres Internetauftritts. Der Nettonutzen ist die Hülle für ein weiteres Erfolgsmodul, das Profil des Dienstleistungsdesigns. Aus Nutzersicht gilt: Die Qualität einer Krankenhaus-Internetpräsentation hängt entscheidend davon ab, inwieweit es Ihnen gelingt, die spezifische Kompetenz Ihrer Klinik, die Positionierung, herauszustellen. Hierzu gehört nicht nur die Darstellung Ihres Leistungsspektrums, sondern vor allem die Betonung des Nutzens, warum Ärzte ihre Patienten gerade in Ihr Haus einweisen sollen. Die Punkte „Wer sind wir?" und „Was wir Ihnen bieten können" gehören aber leider in Klinikauftritten inhaltlich zu den Stiefkindern. Doch was hilft die beste Gestaltung, wenn die Inhalte im Vergleich zu anderen Klinik-Homepages austauschbar sind? Hier liegt im Übrigen die eigentliche Gestaltungsarbeit, da die Formulierung der Inhalte in die schmale Spanne zwischen Gewolltem und Erlaubtem eingepasst werden muss.

Beide Punkte – Nutzenoptimierung und Dienstleistungsdesign-Profilierung – verdeutlichen, dass Aufbau und Gestaltung Ihrer Klinik-Internetpräsenz vor allem ein planerisch-konzeptionell geprägtes Projekt ist. Um als professioneller Bestandteil in Ihrem Marketing-Mix für zuweisende Ärzte zu fungieren, bedarf Ihre Klinik-Website auch professioneller Entwicklung. Soll das Besondere Ihres Hauses unterstrichen werden, dürfen Sie nicht auf Standardgestaltungen zurückgreifen. Wichtig ist, Ihre Präsenz immer aus dem Blickwinkel der Zuweiser zu entwickeln, denn auch im Internet gilt, wie im Dienstleistungsunternehmen Krankenhaus: Der Kunde ist König!

6.1.8   Informationsbroschüren für Patienten

Auf den ersten Blick erscheint dieses Instrument in der Auflistung der Einweisermarketinginstrumente fehl am Platz, bei genauerer Würdigung wird sein Nutzen jedoch deutlich: Kompliziertere Sachverhalte und umfangreichere Erklärungen lassen sich am besten unter Zuhilfenahme von Informationsbroschüren und Aufklärungshilfen darstellen und erleichtern so Patienten das Verständnis der für sie relevanten Zusammenhänge. Da niedergelassene Ärzte in Bezug auf die Dauer ihrer Patientengespräche limitiert sind, greifen sie gerne auf Informationsbroschüren zurück. Diese beiden Aspekte können Sie für Ihr Einweisermarketing nutzen, indem Sie für die von Ihnen angebotenen diagnostischen und therapeutischen Angebote Patientenbroschüren verfassen, die der Arzt seinen Patienten zur Vorinformation aushändigen kann.

So profitieren

- der Arzt, indem er den Patienten etwas „an die Hand" geben und die Inhalte seiner Gespräche verstärken kann,

- der Patient durch eine Intensivierung des Verständnisses für die eigene Krankheit und das diagnostisch-therapeutische Vorgehen,

- Ihre Klinik von gut vorbereiteten Zuweisern und Patienten sowie von einer indirekten Werbung, da die Broschüren erfahrungsgemäß von Patienten auch Familienangehörigen, Freunden und Bekannten gezeigt werden.

Die Gestaltung Ihrer Informationsbroschüre sollte folgende Fragen berücksichtigen:

- *Aufklärungsfunktion:* Erfolgt die Patienteninformation so patientengerecht, ausführlich und nachhaltig, dass der Patient das Gefühl hat, Umfang, Chancen und Risiken einer Operation oder Therapie verstanden zu haben, und sich informatorisch gut versorgt fühlt?

- *Motivationsfunktion:* Motivieren die vermittelten Informationen Patienten, das vorgestellte Diagnostik- oder Therapieprinzip in Anspruch zu nehmen: Wird der Nutzen deutlich?

- *Werbefunktion:* Ist die Art der Informationsvermittlung so aufgebaut, dass die spezifische Kompetenz Ihrer Klinik herausgestellt wird?

Die Fragen sind deckungsgleich mit den Anforderungen, die Patienten in Zufriedenheitsbefragungen immer wieder anführen:

- Die die Diagnose und Therapie vorbereitenden und begleitenden Informationen sollten so beschaffen sein, dass Unsicherheiten beseitigt und Bedenken überzeugend ausgeräumt werden.

- Patienten ist an einer objektiven Darlegung der Vor- und Nachteile medizinischer Maßnahmen gelegen. Die Argumente sollen vor allem den Nutzen klar herausstellen.

- Ebenso wichtig ist ihnen, ein Vertrauensverhältnis zum Behandler aufzubauen und einen verlässlichen Ansprechpartner zu haben.

6.1.9   Entlassungsbrief

Der Entlassungsbrief besitzt neben seiner informierenden und juristischen auch eine Marketingfunktion:

- Die Schnelligkeit der Verfügbarkeit und

- die Praxistauglichkeit der Inhalte, also die Relevanz der aufgeführten Inhalte für die Arbeit des Arztes und die Übersichtlichkeit der Aufbereitung,

dokumentieren die Kooperationsbereitschaft einer Klinik, wirken vertrauensbildend und unterstützen die Zuweiserbindung.

Bezüglich der zeitlichen Verfügbarkeit existieren verschiedene Möglichkeiten, angefangen bei der Erstellung eines Kurzbriefes, der den Patienten als Vorläufer des eigentlichen Entlassungsbriefes mitgegeben wird, bis hin zur elektronischen Abrufbarkeit der Informationen über ein Zuweiserportal. Auch im Hinblick auf die Inhalte finden sich diverse Checklisten und Zusammenstellungen.

Die Praxis der Zusammenarbeit zwischen Kliniken und niedergelassenen Ärzten zeigt aber einen viel besseren, pragmatischeren Weg auf: die Abstimmung des Entlassungsbriefes, aber auch des Einweisungsscheines in einem oder mehreren Workshops zusammen mit niedergelassenen Ärzten. Dieser Weg

- führt zu einer abgestimmten Vorgehensweise, die die Möglichkeiten, aber auch die Grenzen beider Partner berücksichtigt,

- fördert das Verständnis füreinander und

- intensiviert die Bindung.

Die Erfahrung mit solchen Workshops zeigt, dass es immer wieder die gleichen zentralen Punkte sind, die niedergelassene Ärzte in Bezug auf den Entlassungsbrief fordern.

Kürze und Prägnanz

Ein effizienter Entlassungsbrief enthält kurz und prägnant die für den niedergelassenen Arzt wichtigen Informationen. Die Fakten sollten nur dort kommentiert werden, wo es zu Mißverständnissen kommen kann. Dem niedergelassenen Arzt sollte in kurzer Zeit ohne

Schnörkel, Wertungen oder umfangreiche wissenschaftliche Hintergrundinformation ein Bild über die Behandlung seines Patienten und die poststationären Perspektiven vermittelt werden.

Standard-Aufbaustruktur

Der Entlassungsbrief sollte immer die gleiche Struktur aufweisen. Das hilft nicht nur, die Informationen innerhalb des Krankenhauses schnell und sachgerecht zusammen-zutragen, sondern ist auch eine wesentliche Erleichterung für den Arzt, der den Patienten eingewiesen hat. Zu den Bausteinen eines „guten" Entlassungsbriefes zählen folgende Aspekte:

- Art der Aufnahme:

- Zeitraum der Behandlung;

- Diagnosen mit Schlüssel;

- aktuelle Anamnese, Vorerkrankung, Vorbehandlung, Risikofaktoren,

Begleiterkrankungen, Allergien, vegetative und Sozialanamnese;

- klinische Untersuchungsbefunde;

- technische Untersuchungsbefunde;

- Therapie und Verlauf (Leitsymptome, Diskussion der Untersuchungsbefunde, eingeleitete Therapie);

- Therapieempfehlung;

- Empfehlung für Weiterbehandlungen.

Als ergänzende Angaben kommen – im Sinne von Hilfestellungen für den Leser – in Frage:

- die Angabe einer Hot-Line-Nummer für den relevanten Ansprechpartner mit Namen, Fachgebietsbezeichnung und Stellung in der Klinik;

- Piktogramme und Zeichnungen zur Verdeutlichung.

Individueller Charakter

Auch wenn die Struktur standardisiert ist, können die Entlassungsbriefe einen indi-viduellen Charakter haben, zum Beispiel durch Verwendung des Einweiser-Namens als Anrede und am Schluss oder durch Variierung der Einleitungs- und Schlusssätze.

PC-gestützte Erstellung

Der Entlassungsbrief ist mithilfe des Computers und definierten Textbausteinen schnell, effizient und kostengünstig zu verfassen. Durch eine Verbindung zwischen dem Textprogramm und der Einweiser-Datei können Adresse und Brieftext ohne Probleme kombiniert werden. Gleichzeitig ist es möglich, alle Vorgänge je Arzt als Kontakt festzuhalten und für spätere Auswertungen zu archivieren.

Organisatorische Vereinfachung

Ebenso ist zu überlegen, ob mithilfe organisatorischer Änderungen eine schnellere Bereitstellung der Informationen möglich ist. Am besten sind Regelungen, die vorsehen, dass alle Befunde bis zu einem bestimmten Tag vorliegen. Das Diktat erfolgt dann am Tag vor der Entlassung und der Brief kann am Morgen des Entlassungstages Korrektur gelesen werden.

Schnelligkeit des Versands

Die Schnelligkeit der Verfügbarkeit des Arztbriefes in der niedergelassenen Praxis ist der entscheidende Marketingfaktor für das Krankenhaus. Deshalb sollte im Sinne eines zeitnahen Arztberichtes mit kompletten Daten dieser zunächst per Fax an den Einweiser geschickt werden, parallel per Post. Es ist auch daran zu denken, mit interessierten und entsprechend ausgestatteten nie-dergelassenen Ärzten ein Fax-Modem für den direkten Datenaustausch einzusetzen.

Service

Wesentliches Serviceinstrument ist die Bereitstellung von personellen Kapazitäten für Rückfragen der einweisenden Ärzte, zum Beispiel über eine telefonische Hotline. Diese muss nicht rund um die Uhr zur Verfügung stehen, sondern nur zu bestimmten Zeiten, die die Krankenhaus-Ansprechpartner im Vorfeld entsprechend einplanen.

6.2   Persönliche Marketinginstrumente

6.2.1   Beratergremium für das Krankenhaus

■ Die Kommunikationsbeziehungen zwischen Klinik und Praxis sind häufig nicht optimal.

Das ist unter anderem auch darin begründet, dass der arbeitsintensive Klinikarbeitsalltag oftmals den Blick auf das Ganze der Beziehungen verstellt. Hinzu kommt die anderen Denk- und Handlungsweisen niedergelassener Ärzte , die sehr auf Pragmatik gerichtet sind und Teile der seitens der Kliniker erwünschten medizinischen Vollständigkeit bei Diagnose und Therapie ausblenden, was wiederum manchmal den Niedergelassenen als Dilettantismus ausgelegt wird. Aber auch schlecht organisierte oder mangelhaft gepflegte Kooperationsformen verstärken häufig das Gesamtproblem. Erkennt ein Krankenhaus, dass eine funktionierende Zusammenarbeit zwischen Klinik und Praxis für beide Seiten Vorteile hat und, entschließt es sich, diese Beziehung aktiv und gezielt zu gestalten, so bedarf es einer genauen und detaillierten Kenntnis der speziellen Bedingungen und vor allem der Anforderungen, die in der Arztpraxis herrschen und die von ihr an die Klinik herangetragen werden. Um von Anfang an kompetent zu arbeiten und gleichzeitig einen großen Vertrauensvorschuss zu erlangen, benötigt das Krankenhaus einen Beraterkreis aus vier bis fünf niedergelassenen Ärzten. Dieser Kreis kann für vielfältige Aufgabenstellungen eingesetzt werden:

– beratende Hilfestellung bei praxisorientierten Fragestellungen,
– Durchführung eines regelmäßigen Erfahrungsaustausches zu allen die Klinik-Praxis-Kooperation betreffenden Themen,
– Anregungen aus der Praxis für das Klinik-Konzept,
– Abwicklung von Pilotprojekten.

Durch regelmäßige Treffen des Beraterkreises in möglichst homogener Zusammensetzung gelingt es überdies, eine Selbstverständlichkeit im Umgang mit den Problemen der Praxis zu entwickeln und gegebenenfalls vorhandene Berührungsängste einzelner abzubauen. Der Arbeitskreis selbst kann in seiner Arbeit nach außen als innovative Kooperationsform dargestellt werden. Das trägt mit dazu bei, gegenüber tatsächlichen und potenziellen Einweisern Vertrauen zu bilden und die Ernsthaftigkeit des eigenen Handelns zu dokumentieren.

6.2.2 Telefonkommunikation mit Zuweisern

Ein Teil der Kommunikation mit zuweisenden Ärzten erfolgt telefonisch. Die Art, wie hierbei mit den Zuweisern gesprochen wird, hat – neben dem Austausch von Informationen – einen starken Marketingeffekt. Doch wie gestalten Sie die telefonische Zuweiserkommunikation am besten? Wichtigste Regel ist, dass der Nutzen des Anrufers im Mittelpunkt steht, um bei diesem einen optimalen Dienstleistungseindruck zu hinterlassen. Anrufe sind keine Störungen, sondern Kontaktchancen für Ihre Klinik.

Ich habe die wichtigsten Aspekte, die für eine gut gestaltete Telefonkommunikation mit zuweisenden Ärzten – aber auch für andere Anrufer – zu berücksichtigen sind, im Folgenden zusammengestellt.

Begrüßungsregeln

Leider wissen viele Mitarbeiterinnen – vor allem in den Sekretariaten – nicht, wie eine optimale Begrüßung eines anrufenden Zuweisers aussieht. Schon für den Gesprächsstart gibt es klare Regeln, die eingehalten werden sollten. Am besten beginnt man mit einer der jeweiligen Tageszeit entsprechenden Grußformel („Guten Morgen", „Guten Tag"), gefolgt von der Abteilungsbezeichnung. Danach nennt die telefonierende Mitarbeiterin nach dem Einschub („Ich heiße", „Mein Name ist") ihren Vor- und Nachnamen. Sollte sie den Namen ihres Gesprächspartners nicht kennen, erfragt sie ihn, gegebenenfalls verbunden mit der Bitte, ihn zu buchstabieren. Ebenso fragt sie nach seinem Vornamen.

Emotionen kontrollieren

Der eigene emotionale Zustand wird – kontrolliert man ihn nicht – vom Anrufer erkannt. Aus diesem Grund sollte vermieden werden, bei Ärger oder Freude schnell zu sprechen, Wortsilben auszulassen oder überdeutlich zu sprechen. Ebenso ist darauf zu achten, in unangenehmen Situationen oder bei Langeweile nicht langsam zu sprechen und die Silben undeutlich zu artikulieren.

Stimmwechsel

Hilfreich ist es, die Stimme im Wechsel während der Telefonate dezent zu heben und zu senken, um für den Anrufer durch zurückhaltende Betonungen einen angenehmen Stimmfluss zu erzeugen und Wichtiges herauszustellen.

Urteile und Routinen vermeiden

Besonders wichtig ist, sich kein vorschnelles Urteil über den Anrufer und sein Anliegen zu bilden („...schon wieder Dr. X..."), denn hieraus resultiert ein nur noch oberflächliches Zuhören. Ebenso darf auch nach dem fünfzigsten Telefonat die Begrüßung nicht monoton und „geleiert" wirken.

Stimmkraft und Stimmklang

Es sollte immer mit normaler Stimmkraft, weder zu leise noch zu laut, gesprochen werden. Der Stimmklang sollte weder genervt, gehetzt oder gestört noch kalt, stur oder desinteressiert wirken. Auch ein ungeduldiger, überfreundlicher oder unpersönlicher Klang ist zu vermeiden.

Nebengeräusche stören

Die Übertragungsqualität moderner Telefone führt leider auch dazu, dass Nebengeräusche fast überdeutlich hörbar sind, vor allem das Atemverhalten der telefonierenden Klinikmitarbeiterinnen. Ein wichtiger Gestaltungsaspekt ist deshalb die Kontrolle der Atemtechnik. Zu vermeiden sind „beliebte" Reaktionen wie das seufzerartige Ausatmen, wenn ein Anrufer einmal Sachverhalte sehr umständlich darstellt oder Informationen nicht auf Anhieb versteht. Ebenso sollte darauf geachtet werden, nicht kurz und laut zu atmen, wenn man einmal in Hektik ist. Besser ist es, einen Augenblick abzuwarten, dreimal tief ein- und auszuatmen, ehe ein Gespräch angenommen wird.

Sprechgeschwindigkeit

Eine weitere Gestaltungsgröße ist die Sprechgeschwindigkeit, Sie sollte so gewählt werden, dass durch sie einerseits Ruhe und Ausgeglichenheit vermittelt, andererseits aber auch Schwung und Elan deutlich werden. Als Richtgröße empfiehlt sich ein Tempo, bei dem mit 100 bis 150 Wörtern pro Minute gesprochen wird. Dabei ist natürlich auch das Sprechtempo des anrufenden Arztes zu berücksichtigen, dem man sich in Grenzen anpassen sollte, um eine gute Verständigungsbasis herzustellen.

Artikulierte Aussprache

Bei Telefonaten werden meist die ersten Silben schlechter erkannt. Deshalb sollten die ersten Worte immer sehr gut artikuliert werden. Generell kommt es bei der Gestaltung der Telefonkommunikation auf eine möglichst deutliche Aussprache an, bei der vor allem auch die Wortendungen sehr gut hörbar sind. Auch Versprecher und Verlegenheitslaute sollten vermieden werden.

Keine„Weichmacher", „Abschwächer", „Reizwörter" und „Sprachmarotten"

Ein Kennzeichen guter Klinik-Telefonkommunikation ist die Vermeidung sogenannter Weichmacher oder Abschwächer. So ist es besser, statt „Ich könnte Sie später zurückrufen" zu sagen „Ich rufe Sie später zurück". Auch sollte auf Formulierungen wie „eigentlich", „eventuell" und „in der Regel" und auf Reizwörter wie „trotzdem", „dennoch" und „aber" verzichtet werden.

Ganz besonders negativ wirken auf Zuweiser sogenannte Killerphrasen wie zum Beispiel „Sie müssen …", „Ja, das sagen Sie …", „Sie können doch nicht sagen ...", „Aber Sie müssen doch zugeben ...", „Unbestritten ist doch ...",„„Das kann gar nicht sein", „Dafür kann ich doch nichts" oder „Das geht nicht!"

Immer wieder stößt man bei Kliniktelefonaten auf die häufige Verwendung von „Sprachmarotten",(„äh", „und", „nicht?") und Mode-Formulierungen („Ich würde sagen", „Ich denke", „Sag' ich mal"), die möglichst unterbleiben sollten, da sie den Sprachfluss hemmen und für den Anrufer irritierend wirken.

Prägnante Sätze

Gesprächsunterstützend ist eine kurze, prägnante Ausdrucksweise mit möglichst wenig Leerlauf. Das ist durch eine Satzbildung erreichbar, die mit kurzen Sätzen, geringer Schachtelungstiefe und konkreten Formulierungen arbeitet. Wichtig ist, dass alle Sätze vollständig und abgeschlossen sind und in einem logischen Bezug zueinander stehen. Zusätzlich müssen natürlich Lexik und Grammatik stimmen.

– Fragetechniken einsetzen
  Die Anruferzufriedenheit zuweisender Ärzte wird nachhaltig gefördert, wenn Telefonate als echte Dialoge geführt werden. Dabei muss der telefonierende Klinikmitarbeiter die notwendige Führungsrolle im Gespräch nicht aufgeben, wenn er seine Gespräche aktiv über Fragen führt, statt auf den Anrufer passiv zu reagieren. Das Gesprächsprinzip „mit Fragen führen" kennen viele Ärzte aus ihrer Patientenarbeit. Es steht für ein Gesprächsverhalten, bei dem man durch gezielte Fragen an den Gesprächspartner die aktive Rolle übernimmt und das Gespräch lenkt. Diese Lenkung wird jedoch nicht offensichtlich, da der Gesprächspartner ja antworten kann und somit auch wesentliche Gesprächsanteile bestreitet. Als Handwerkszeug stehen die folgenden Fragetechniken zur Verfügung, die man für jede Gesprächssituation individuell verwenden und kombinieren kann:

– Die *offene Frage* (Beispiel: „Welchen Arzt möchten Sie sprechen?")
  Mit einer offenen Frage, die immer mit einem „W" (was – weshalb – warum – wie – wann) beginnt, werden die Gesprächspartner gebeten, eine Auskunft zu geben. Ziel der Frageform ist, möglichst umfangreiche Informationen zu gewinnen.

- Die *geschlossene Frage* (Beispiel: „Haben Sie schon einmal einen Patienten bei uns eingewiesen?")

Die geschlossene Frage, die immer nur mit einem „Ja" oder „Nein" beantwortet werden kann, wird zur gezielten Ermittlung einer Zustimmung oder Ablehnung eingesetzt.

- Die *Alternativfrage* (Beispiel: „Möchte der Patient lieber vormittags oder nachmittags kommen?")

Sie ist darauf ausgerichtet, den Gesprächspartner zu einer Entscheidung zu veranlassen. Sie kann auch durch wertende Zusätze so umgewandelt werden, dass die Entscheidung in eine ganz bestimmte Richtung gelenkt wird. Beispiel: „Möchte der Patient lieber vormittags kommen, wenn es meist sehr voll ist, oder am Nachmittag, wenn es ruhiger ist?"

- Die *Suggestivfrage* (Beispiel „Sie möchten doch sicherlich nicht lange auf den Arztbrief warten?")

Auch diese Frage dient der Lenkung des Gesprächspartners.

- Die *rhetorische Frage* (Beispiel: „Wer wäre in dieser Situation nicht verärgert?")

Bei der rhetorischen Frage wird keine Antwort erwartet bzw. eine Antwort ist überflüssig; sie ist eine in Frageform gefasste Aussage.

Die *Gegenfrage* (Beispiel: Frage: „Ist am Montag für die Patientin noch ein Termin frei?" Gegenfrage: „Möchte Sie unbedingt am Montag einen Termin haben?")

Die Gegenfrage wird vor allem in kritischen Gesprächssituationen eingesetzt, um Zeit zu gewinnen oder den Gesprächspartner dazu zu bringen, seine Frage zu präzisieren.

- Die *Kontrollfrage* (Beispiel: „Ist diese Lösung für Sie akzeptabel?")

Diese Frageart dient gleichermaßen der Bestätigung eines Sachverhaltes oder einer Vermutung wie auch der Überprüfung, ob der Gesprächspartner die vermittelten Informationen verstanden hat.

- Die *Motivationsfrage* (Beispiel: „Den Ablauf brauche ich Ihnen bei Ihrer langjährigen Erfahrung mit unserem Haus sicherlich nicht mehr zu erklären?")

Diese Frageform hat das Ziel, durch die Einbindung von Lob und Anerkennung in eine Frage den Gesprächspartner zu bestimmten Verhaltensweisen oder Aussagen zu bewegen.

Rückmeldungen geben

Dialogfördernd ist auch die Technik, Gesprächspartnern durch Ausdrücke wie „m-hm" oder „a-ha" Rückmeldungen zu ihren Gesprächsbeiträgen zu geben und damit zu signalisieren, dass man die Inhalte verstanden hat, sie aber nicht bewerten muss. Ist eine Bewertung notwendig, sollte das immer durch eine klare Zustimmung oder Verneinung geschehen.

Wichtiges zusammenfassen

Bei wichtigen Gesprächsinhalten kann es – in Abhängigkeit vom Gesprächspartner – hilfreich sein, die wichtigsten Resultate des Telefonats mit kurzen Worten zu wiederholen. Dabei sollte immer Übereinstimmung mit dem Anrufer geschaffen werden („Lassen Sie mich das Ganze noch einmal zusammenfassen"). Das vermeidet Missverständnisse und demonstriert gleichzeitig Aufmerksamkeit. Die gleiche Methode – Paraphrasierung genannt – kann auch eingesetzt werden, um Vielredner zu stoppen. Die Anwendung dieser Technik setzt natürlich eine absolute Konzentration des telefonierenden Mitarbeiters voraus.

Verzichtet werden sollte – auch wenn dies manchmal angebracht erscheint – auf die Vervollständigung der Sätze von Anrufern. Der Gesprächsfluss wird hierdurch kaum gefördert, der Anrufer jedoch verärgert.

Gerade zum Gesprächsende sollte die Zusammenfassung darauf ausgerichtet sein, besonders das Positive des Gesprächs zu betonen, da auf diese Weise der Gesprächsinhalt für den Anrufer besser in Erinnerung bleibt.

Professionell weiterleiten

Besteht die Notwendigkeit, einen Anrufer weiterzuverbinden, gibt es auch hierfür ein zuweiserfreundliches Vorgehen: Zuerst sollte dem Anrufer die Weiterverbindung angekündigt werden. Anstelle eines leider immer wieder zu hörenden, barsch-knappen „Moment ´mal" wird er kurz auf die Notwendigkeit einer Weiterverbindung hingewiesen, verbunden mit der Information, an wen sie erfolgt. Ebenso erfährt der neue Gesprächspartner, wer in der Leitung ist und warum. Kann der Anrufer während des Verbindungsversuches mithören, empfiehlt es sich, die Ankündigung „Am Apparat ist Herr Dr. Z." statt „Hier ist ein Dr. Z.!" zu verwenden. Ist der Ansprechpartner besetzt, wird das Gespräch zurückgenommen und der Anrufer über eine mögliche Wartezeit informiert bzw. ihm angeboten, dass der Ansprechpartner ihn zurückrufen wird.

Rückrufe planen

Werden Zuweiser gebeten, zu einem späteren Zeitpunkt zurückzurufen, sollte die Bitte durch Angabe eines Zeitpunkts oder Zeitraums konkretisiert werden. Wird angeboten, dass die Klinik zurückruft, ist dabei selbstverständlich, dass der avisierte Rückruf auch absolut zuverlässig erfolgt. Die Ankündigung des Rückrufs sollte immer mit einer definitiven Angabe verknüpft sein, wann er erfolgen wird.

Vielredner stoppen

Es ist wichtig, stets ein paar Standardsätze parat zu haben, um ein Gespräch bei Bedarf schnell zu Ende bringen zu können (zum Beispiel „Mein Chef möchte mich sprechen", „Ich werde von einem Patienten erwartet" oder „Vielen Dank für Ihren Anruf, aber es wartet leider schon ein zweiter Anrufer").

Harmonischen Abschluss finden

Am Gesprächsende sollte immer eine nette Formulierung stehen, die dem Anrufer eine emotionale Rückmeldung gibt („…Herr Dr. Y, es war schön, das wir uns wieder einmal gesprochen haben…").

6.2.3   Veranstaltungen

■ Effiziente Zuweiserkooperationen basieren vor allem auf persönlichen Kontakten. Kein Instrument des Einweisermarketings fördert den persönlichen Austausch so intensiv und nachhaltig wie gut vorbereitete und umgesetzte Veranstaltungen. Aber ihre Vorteile gehen noch wesentlich weiter:

  – Über das persönliche Kennenlernen in der Gruppe ensteht die Atmosphäre des Vertrauens, die für die Zusammenarbeit unerlässlich ist.
  – Durch gemeinsam erarbeitete Ergebnisse wächst das Engagement der Beteiligten, weil auch eigene Ideen eingebracht wurden,
  – Der für die Teilnehmer entstehende Nutzen verstärkt die Bindung an das Krankenhaus.

■ Das Krankenhaus kann sich einerseits als Diskussionspartner, ande rerseits als Organisator der Veranstaltungen profilieren.

  – Mithilfe dieser Aktivitäten kann sich das durchführende Krankenhaus positiv von anderen Leistungsanbietern abheben,
  – Im Rahmen von Vor- und Nachbearbeitung ergeben sich für das Krankenhaus viele Anlässe für Detailgespräche.

– Man lernt das „Denken" des Arztes durch seine Diskussionsbeiträge und seine Argumentation intensiv und detailliert kennen.

– Die Beziehung zu den niedergelassenen Ärzten wird wesentlich verbessert, da man sich in einer neuen, halbprivaten Situation begegnet.

Am Anfang jeder Veranstaltungsplanung steht die Frage, welche Zielgruppe erreicht werden soll und welche Ziele bei dieser verfolgt werden. Bereits an dieser Stelle werden die Weichen für den späteren Erfolg gestellt. Je präziser es Ihnen gelingt, den zu erreichenden Personenkreis festzulegen und die eigenen Intentionen zu formulieren, desto passender können die Inhalte gestaltet werden, und desto größer wird auch der Nutzen für die Teilnehmer sein.

Veranstaltungsformen

Grundsätzlich lassen sich zwei Zielgruppen für Zuweiserveranstaltungen unterscheiden:

▪ die tatsächlichen Zuweiser, die bereits Patienten zu Ihnen schicken, und

▪ die potenziellen Zuweiser, die zwar in das Einzugsgebiet Ihrer Klinik fallen, zu denen aber bislang noch keine persönliche Beziehung besteht.

Für eine professionelle Veranstaltungskonzeption kann diese Zielgruppenbildung jedoch noch weiter differenziert werden, zum Beispiel durch eine Beachtung regionaler Konkurrenzverhältnisse. So ist es für das Klima einer Zuweiserveranstaltung – so gut sie auch vorbereitet sein mag – wenig zuträglich, Ärzte einzuladen, die zueinander durch ein ähnliches Leistungsangebot und die regionale Nähe in Konkurrenz stehen. Untersucht man Zuweiserveranstaltungen, die mit nur geringem Erfolg abgewickelt wurden, zeigt sich immer wieder, dass

▪ derartige Zusammenhänge zu wenig berücksichtigt wurden und

▪ zu wenig auf die spezifischen Anforderungen der Teilnehmer eingegangen wurde, der Teilnehmerkreis also zu heterogen war.

Sie kommen schneller und besser ans Ziel, wenn Sie mehrere Veranstaltungen mit kleineren, aber homogenen Gruppen und spezifisch hierauf ausgerichteten Inhalten durchführen, als eine größere Zusammenkunft mittels pauschaler Einladung und allgemein gehaltener Inhalte zu organisieren. Es ist also sinnvoll, weiter nach Fachgruppen, Klinikschwerpunkten und/oder regionalen Kriterien zu unterteilen.

Das Instrument Zuweiserveranstaltung umschließt eine große Formenvielfalt, die anhand einiger Beispiele in Tabelle 10 dargestellt ist.

Veranstaltungstyp	Inhalt	Ort	Form	Ziele für	
				tatsächliche Zuweiser	potenzielle Zuweiser
Informationsveranstaltung	Basisinformation über die Klinik, ihre Leistungen, über Personen und über organisatorische Abläufe	Klinik	Vorträge und Diskussion	Anwendbar, wenn eine solche Veranstaltung bislang nicht durchgeführt wurde (Kontaktverstärkung, Imagebildung, Information)	Klassische Veranstaltungsform zur Kontaktanbahnung durch persönliches Kennenlernen sowie zum Imageaufbau
Kooperationsveranstaltung	Absprache der Details zur konkreten Zusammenarbeit	Klinik	Diskussion mit Flipchart, Visualisierungswänden oder Ähnliches	Verbesserung der Organisation, Koordination von Diagnose und Therapie	Der Veranstaltungstyp ist für diese Zielgruppe nicht geeignet
Arbeitskreis	Zyklus aus regelmäßig durchgeführten Treffen zur Diskussion von Patientenfällen, zur Klärung von Fragen und zur Abstimmung aktueller Vorgänge	Klinik oder externer Veranstaltungsraum	Kurzvorträge, Diskussion mit Flipchart, Visualisierungswänden oder Ähnliches	Bindung der Zuweiser, kontinuierliche Verbesserung der Zusammenarbeit	Der Veranstaltungstyp ist für diese Zielgruppe nicht geeignet
Tag der offenen Tür	Vor-Ort-Informationen über die Klinik, ihre Leistungen, Personen und Abläufe	Klinik	Kurzvorträge, Führungen, Demonstrationen, Diskussionen	Bindung der Zuweiser, kontinuierliche Verbesserung der Zusammenarbeit	Möglichkeit, eine große Anzahl potenzieller Zuweiser für die Klinik zu interessieren, Kontaktanbahnung

Veranstaltungstyp	Inhalt	Ort	Form	Ziele für	
				tatsächliche Zuweiser	potenzielle Zuweiser
Stammtisch	Informelles Treffen zum Meinungsaustausch und zur Besprechung aktueller Themen und Vorgänge	Externer Veranstaltungsraum	Persönliches Gespräch	Besonders für A-Zuweiser geeignet, Verstärkung der persönlichen Bindung, Informationsgewinnung, Lösung von Problemen auf dem „kleinen Dienstweg"	Der Veranstaltungstyp ist für diese Zielgruppe nicht geeignet
Fachtagung	Bearbeitung medizinisch-wissenschaftlicher Fachthemen, überregional ausgerichtet	Externer Veranstaltungsraum, Klinik	Vorträge, Diskussionen, Arbeitsgruppen	Demonstration der Kompetenz, Image- und Vertrauensbildung	Kontaktanbahnung, Demonstration der Kompetenz, Image- und Vertrauensbildung
Fortbildungsveranstaltung	Wissensvermittlung zu ausgewählten medizinisch-wissenschaftlichen Themen, regional ausgerichtet	Klinik oder externer Veranstaltungsraum	Vorträge, Diskussion	Serviceangebot, Image- und Vertrauensbildung	Kontaktanbahnung, Demonstration der Kompetenz, Image- und Vertrauensbildung

Tabelle 10: Beispiele für Zuweiserveranstaltungen

Auf zwei wichtige Formen möchte ich an dieser Stelle etwas ausführlicher eingehen: den Vortrag und das Seminar.

Vortrag

Ein hochwirksames, aber auch zeitintensives Einweisermarketinginstrument ist der Vortrag. Kein anderes Marketinginstrument bietet Ihnen die Möglichkeit, sich mit Ihrer Persönlichkeit und Ihrem Fachwissen Zuweisern so direkt zu präsentieren wie zu diesem Anlass, vorausgesetzt, Sie beachten folgende Grundsätze:

- Strukturierung mit einem klaren, nachvollziehbarem Aufbau,

- zuweiserorientiert, d.h. auf den Bedarf der Zielgruppe abgestimmt, also mehr praktisch als theoretisch ausgelegt,

- unterhaltsam,

- zielorientiert,

- einfache, bildhafte Sprache,

- unterstützt durch aussagekräftige Grafiken und Bilder.

Vorträge lassen sich hervorragend in den Marketing-Mix einbinden:

- Vor dem Vortrag

  - Ankündigung des Vortrags auf der Klink-Homepage,
  - Ankündigung in der Tagespresse,
  - gezielte Einladung von Zuweisern.

- Während des Vortrags

  - Kurzvorstellung der Klinik im Rahmen des Vortrags.
  - Schilderung von Sachverhalten anhand eigener Patientenfälle.
  - Erstellung einer schriftlichen Kurzzusammenfassung des Vortrags mit Klinikadresse und Referentenprofil.

- Nach dem Vortrag

  - Download-Angebot des Vortrags auf der Klinik-Homepage.
  - Versand einer Kurzversion des Vortrags an potenzielle Zuweiser.

Die Struktur in Arbeitshilfe 54 unterstützt Sie bei der Grundvorbereitung Ihres Vortrags. Folgende fünf Bereiche sind hierbei wichtig:

Die Thematik

Hierbei ist zwischen Muss-Informationen, die die Basis des Vortrags ausmachen, Kann-Informationen, mit denen der Vortrag aufgefüllt werden kann, wenn die Muss-Informationen die zur Verfügung stehende Zeit nicht füllen, und Zusatzinformationen, die im Laufe des Vortrags optional und ergänzend vermittelt werden, zu unterscheiden. Skizzieren Sie die Inhalte für alle drei Bereiche, und Sie verfügen bereits über das Grundkonzept Ihres Vortrags.

Das Publikum

Die Altersstruktur, das – mögliche – Vorwissen und die Anzahl der Teilnehmer (Größe des Auditoriums) bestimmen die Darstellung der Inhalte. Unter Umständen müssen Sie auch die Aufteilung der Muss-, Kann- und Zusatzinformationen verändern. Vermerken Sie die wichtigsten Fakten in den entsprechenden Feldern.

Die Zeit

Wie lange Sie reden können, ob und wie eine Aufteilung der zur Verfügung stehenden Gesamtzeit in Vortrag und Diskussion möglich ist (abhängig auch vom Publikum), und zu welcher Tageszeit der Vortrag stattfindet (vormittags, nachmittags, abends) bestimmen ebenfalls die Inhalte und die Vortragsart (abends ist es zum Beispiel sinnvoll, Elemente einzubauen, die die Zuhörer aktivieren). Fixieren Sie die wesentlichen Rahmendaten für Ihren Vortrag.

Der Raum

Größe, Akustik und Licht bestimmen Ihre Kommunikationsmöglichkeiten. Ist Blickkontakt zu allen Teilnehmern möglich? Wird ein Mikrofon benötigt? Sind projizierte Folien im ganzen Raum sichtbar? Setzen Sie Ihre Antworten in die entsprechenden Felder ein.

Die Technik

Einfluss auf Ihren Vortrag hat auch die Verfügbarkeit vortragsunterstützender Medien (Overhead-Projektor, Beamer, Fernseher mit Video-, CD- oder DVD-Player). Aus der Kombination von medialer Ausstattung und Thematik ergibt sich Ihr visuelles Vortragskonzept, also die Festlegung, wie Sie die Informationen Ihrem Publikum darstellen. Die in Frage kommenden Formen müssen unter dem Aspekt der Vorbereitungszeit betrachtet werden (Wie lange dauert die Erstellung von Folien, ist hierfür genügend Zeit vorhanden, kann Ihr Personal Sie unterstützen, benötigen Sie externe Hilfe etc.?). Beschreiben Sie kurz die Ihnen zur Verfügung stehenden Möglichkeiten.

Thematik	Muss-Informationen	Kann-Informationen	Zusatz-informationen
Publikum	Altersstruktur	Vorwissen	Teilnehmeranzahl
Zeit	Verfügbarkeit	Aufteilbarkeit	Aufmerksamkeit
Raum	Größe	Akustik	Licht
Technik	Verfügbare Medien	Informations-darstellung	Vorbereitung

Arbeitshilfe 54: Vortragsvorbereitung

Seminar

Seminare richten sich an kleine Zuweisergruppen und bieten die Möglichkeit einer aktiven Interaktion. Sie eignen sich somit ganz besonders für Themen, bei denen es maßgeblich auf eine intensive Information und Kooperation zwischen Klinik und Zuweisern ankommt. So gesehen sind Seminare ein Intensiv-Marketinginstrument, im Gegensatz zum Vortrag als Breiten-Instrument.

Seminare besitzen ein spezifisches Nutzenprofil:

■ Unterstützung und Verstärkung der ärztlichen Information und Beratung.

■ Eingehen auf den zunehmenden Anspruch der Zuweiser nach individuellen Informationen.

■ Nutzung der Gruppendynamik zur Bindung der Zuweiser an das Haus.

■ Werbeeffekt über Mund-zu-Mund-Propaganda.

■ Unterstützung der Klinikprofilierung und Imagebildung im Einzugsgebiet.

Seminare sind dann besonders erfolgreich, wenn sie folgende Grundtatbestände erfüllen:

In Bezug auf Ihre Klinik

■ *Interaktive Dramaturgie*: Die Dramaturgie sollte so angelegt sein, dass möglichst viele Zuweiserfragen gestellt werden, da dann der Nutzen für die Seminarteilnehmer am größten ist.

■ *Einbeziehung von Mitarbeitern*: Um das ganzheitliche Bild der Klinik („das Klinikteam") zu unterstreichen, sollten weitere Mitarbeiter (Oberärzte, Assistenzärzte, Pflegedienst) in die Abwicklung des Seminars einbezogen werden.

■ *Unproblematische Logistik*: Bei der Gestaltung der Präsentations- und Interaktionsmedien sollte darauf geachtet werden, möglichst nur einfache Präsentationsmedien zu verwenden.

In Bezug auf die Seminarteilnehmer

■ *Verständlichkeit*: Ein Seminar sollte sowohl hinsichtlich der Vorstellung von Zusammenhängen als auch im Hinblick auf die Beantwortung der Teilnehmerfragen einfach und unkompliziert aufgebaut sein.

■ *Unterhaltungswert*: Der Rahmen eines Seminars sollte entspannt sein und der Ablauf den Teilnehmern Spaß machen. Nur so ist eine rege und fortgesetzte Teilnahme gewährleistet.

■ *Reproduzierbarkeit*: Den Teilnehmern sollten schriftliche Hilfen zur Verfügung gestellt werden, um die vorgestellten und besprochenen Inhalte auch zu einem späteren
Zeitpunkt noch nachvollziehen zu können.

Budget

Der budgetäre Rahmen beinhaltet nicht nur die zur Durchführung notwendigen Geldmit-
tel, sondern auch die Arbeitszeit der Personen, die in die Vorbereitung und Nachbearbeitung involviert sind.

Die benötigten Finanzmittel sind umso geringer, je mehr Sie auf die „Bordmittel" Ihrer
Klinik: Räume, Präsentationsgeräte etc. zurückgreifen können.

Die sogenannten Veranstaltungsnebenkosten sind ebenfalls zu berücksichtigen. Hierzu
zählen die Ausgaben für Porto und Druck. Hierzu ein *Beispiel*: Um eine Informationsveranstaltung mit 150 bis 180 Teilnehmern durchzuführen, ist es notwendig, ungefähr
300 Ärzte anzuschreiben. Für die schriftliche Einladung, die aus einem Anschreiben und
einem Programm besteht, sind etwa 330 € Portokosten und circa 150 € Druckkosten ein-
zuplanen.

Werden externe Referenten eingeladen, sind Honorar- und Reisekosten zu berücksichtigen.

Terminauswahl

Neben den Inhalten der Veranstaltungen ist auch die Wahl des richtigen Termins wichtig.
Achten Sie hierbei auf Ferienzeiten, Sportereignisse, spektakuläre Fernsehereignisse oder
wichtige Daten, die für Ihre Zielpersonen von Bedeutung sind (zum Beispiel Veranstaltungen der Ärztekammer oder Ähnliches). Unbedingt berücksichtigt werden muss auch,
dass der Mittwochnachmittag für niedergelassene Ärzte nach wie vor ein umfangreiches
Veranstaltungsangebot bietet.

Einladung

Die Einladung ist das entscheidende Element in der Kommunikationskette zwischen Ihrer Klinik und den einzuladenden niedergelassenen Ärzten. Ihr Inhalt und ihre Form müssen überzeugend wirken, Interesse wecken und zur Teilnahme motivieren. Bereits bei der
schriftlichen Einladung sollte das persönliche Kennenlernen in den Vordergrund gestellt
werden, ergänzt um Aspekte wie zum Beispiel

■ die Verbesserung der Zusammenarbeit zum Wohl der gemeinsamen Patienten,

■ die Qualitätssicherung der medizinischen Versorgung oder auch

■ die Sicherstellung der Wirtschaftlichkeit bei allen Kooperationspartnern.

Vor allem kommt es auf einen rechtzeitigen Versand der Einladungen an: weder zu früh, da die Veranstaltung dann leicht in Vergessenheit geraten kann und zumindest ein zusätzlicher Erinnerungskontakt anfällt, noch zu spät, da niedergelassene Ärzte einen vollen Terminkalender haben und bei kurzfristigen Einladungen nur eingeschränkt flexibel sind. Ideal ist ein Versand ungefähr sechs bis acht Wochen vor der Veranstaltung.

Eine „gute" Einladung zeichnet sich durch folgende Bestandteile aus:

Adresse

Ihr wirkungsvoller Einladungsauftritt beginnt mit einem professionellen Adressmanagement. Hierzu gehört nicht nur, dass die Anschriften aller einzuladenden Teilnehmer aktuell sind, sondern auch, dass alles richtig geschrieben ist. Diese Anforderung klingt zunächst banal, der Verstoß gegen diese Regel gehört aber zu den häufigsten Fehlern, die bei Einladungen begangen werden. Die folgenden Negativbeispiele, nach deren Muster komplette Aussendungen zur Einladung niedergelassener Ärzte umgesetzt wurden, verdeutlichen dies.

Die Originalanschrift lautet:

Herrn

Dr. med. Klaus Schneider

Holunderweg 6

44879 Wickelberg

Beispiel 2

Herrn

Dr. med. Schneider

Holunder weg 6

44879 Wickelberg

Beispiel 1

HERRN DR. Schneider

Holunderweg 6

44879 Wickelberg

Beispiel 3

Herrn Dr.

med. Klaus Schneider

Holunderweg 6

44879 Wickelberg

Eine Ursache dieses Problems ist, dass die Klinik-EDV in vielen Fällen nicht direktwerbetauglich ist. Wenn Ihr System nur über rudimentäre Exportfunktionen verfügt und keine eigene Datenbank zur Verfügung steht, ist zunächst ein PC-basierter, adäquater Adressenpool einzurichten, der für die Erstellung von Serienbriefen verwendet werden kann. Steht in Ihrem Haus hierfür keine Kapazität zur Verfügung, kann diese Arbeit auch durch Schreibbüros, Aushilfen oder Studenten kostengünstig ausgeführt werden.

Planen Sie, regelmäßig Veranstaltungen durchzuführen, sollten Sie sogar eine eigene Zuweiserdatei anlegen. In ihr können Sie nicht nur die Anschriften erfassen, sondern auch die Teilnahme der Ärzte an den verschiedenen angebotenen Leistungen und andere relevante Informationen (zum Beispiel in der Klinik vorhandene Geräte, Leistungsschwerpunkte oder Ähnliches) dokumentieren. Über regelmäßige Auswertungen können Sie dann Häufig-Reagenten von Nicht-Reagenten unterscheiden oder Ärzte mit gleichen Schwerpunkten identifizieren, um für diese passende Angebote zu entwickeln.

Eine weitere Grundvoraussetzung für eine ansprechende Einladung ist die Verwendung der Vornamen der einzuladenden Ärzte. Fehlen diese, wird die Einladung von den Empfängern wie ein normaler Werbebrief mit entsprechend geringerer Aufmerksamkeit behandelt.

Weiter zu beachten ist bei Doppelpraxen oder Praxisgemeinschaften, dass jeder Arzt eine eigene Einladung erhält.

Über den Adresszusatz „Persönlich" gelingt es, zusätzliche Aufmerksamkeit zu wecken. Zudem ist garantiert, dass der Adressat selbst die Einladung erhält und sie nicht im „Filter Arzthelferin" hängen bleibt.

Inhalt

Der Erfolg der Einladung hängt – neben den formalen Bedingungen – auch davon ab, wie sehr ihr Inhalt auf den Empfänger und seine Bedürfnisse abgestimmt ist. 90 Prozent aller Einladungsbriefe zu Klinikveranstaltungen werden aus der Sicht des Einladers geschrieben, ohne dass die Interessen der Adressaten explizit Berücksichtigung finden. Die folgenden Beispiele in Tabelle 11 zeigen in der Spalte „*Gängige Formulierung*" Redewendungen, die üblicherweise in Einladungsschreiben verwendet werden, gefolgt von Beispielen in der Spalte „Besser", weil sie die Rezipienten einbeziehen.

Gängige Formulierung	Besser:
„... stellen wir Ihnen unsere Klinik vor ..."	„... haben Sie die Möglichkeit, sich detailliert über unsere Klinik zu informieren ..."
„... hören Sie einen Vortrag zum Thema ..."	„... möchten wir das Thema „...." aus der Sicht von Theorie und Praxis beleuchten ..."
„... wollen wir die Zusammenarbeit verbessern ..."	„... möchten wir mit Ihnen nach Ansätzen suchen, die Versorgung unserer gemeinsamen Patienten zu verbessern ..."
„... werden auch unsere Mitarbeiter anwesend sein ..."	„... haben Sie Gelegenheit, unsere Mitarbeiter kennenzulernen und mit ihnen zu diskutieren ..."

Tabelle 11: Formulierungen in Einladungsbriefen

Ansprechpartner

Neben der Angabe von Datum, Ort, Anfangs- und geplanter Enduhrzeit sowie einer Raumbeschreibung sollte auch nicht die Angabe eines Ansprechpartners für organisatorische und inhaltliche Rückfragen vergessen werden. Dieser muss dann aber auch erreichbar sein und kompetent Auskunft geben können. Häufig erreichen aber niedergelassene Ärzte, die zusätzliche Informationen benötigen, Ansprechpartner, die nur teilweise informiert sind (zum Beispiel „Das kann ich Ihnen jetzt auch nicht so genau sagen; rufen Sie doch in einer Stunde noch einmal an, dann ist Herr Dr. X hier, der kann Ihnen Auskunft geben."). In solchen Situationen sollte zumindest die Telefonnummer des Anrufers erbeten und ein späterer Rückruf angekündigt werden.

Lageplan

Werden ortsfremde Teilnehmer erwartet, ist die Beilage eines Lageplanes der Klinik mit Aufführung der Hauptverkehrswege, Parkmöglichkeiten sowie der Nennung öffentlicher Verkehrsmittel hilfreich.

Programm

Die Einladung umfasst auch das vorgesehene Programm. Häufig wird es als gedruckte Programmvorschau dem Anschreiben beigefügt. Doch hierbei ist Vorsicht geboten: Je „edler" das Programm gestaltet wird, desto dicker und schwerer ist in der Regel auch das verwendete Papier. Zusammen mit dem Begleitbrief, dem Umschlag und einem Rückantwortumschlag hat schon manche Aussendung wegen ihres vorher nicht berücksichtigten Versandgewichtes den Rahmen des Budgets gesprengt.

Es muss aber nicht immer ein gedruckter Prospekt sein; oftmals genügt – in Abhängigkeit vom Anlass – ein Laserdrucker-Ausdruck mit einer ansprechenden typografischen Gestaltung. Generell gilt: Bei Veranstaltungen von überregionaler Bedeutung sollte ein Programmheft gedruckt werden, regional relevante Treffen kommen mit einfacheren Hilfsmitteln aus.

Rückantwort

Auf jeden Fall ist für Sie eine Rückantwort bis zu einem fixierten Zeitpunkt unerlässlich („*Hiermit bestätige ich verbindlich meine Teilnahme an der Veranstaltung am ...*"), um überhaupt planen zu können. Aufgenommen werden sollte unbedingt die Formulierung „*Ich kann leider nicht kommen. Bitte merken Sie mich aber für die nächste Veranstaltung vor.*"

Bei gedruckten Programmen wird die Rückantwort in der Regel in Form einer Postkarte angeboten. Wählt man diesen Weg, ist der Vermerk „*Porto zahlt Empfänger*" unerlässlich. Gleichzeitig müssen diese zusätzlichen Kosten im Budget berücksichtigt werden.

Eine Rückantwort per Fax bietet gleich mehrere Vorteile: Sie ist bei niedergelassenen Ärzten akzeptiert, man erhält ein sehr schnelles Feedback, und es entstehen keine Kosten. Sie kann beispielsweise papiersparend auf die Programmrückseite des Laserausdrucks gedruckt werden.

Einweiserzufriedenheitsbefragung

Als ein besonders effektiver und kooperationsfördernder Ansatz hat es sich bewährt, die Veranstaltungseinladung – ganz besonders, wenn es sich um eine Erst-Einladung tatsächlicher Zuweiser handelt – mit einer Befragung zur Einweiserzufriedenheit mit der Klinikleistung zu verbinden. Die Ergebnisse können dann – und so wird es am besten auch den Teilnehmern gegenüber im Anschreiben dargestellt – in die Veranstaltung einfließen. Gleich mehrere Gründe sprechen für diese zusätzliche Aktion:

- Man erhält zunächst für sich selbst ein klares Bild der eigenen Stärken und Schwächen aus Sicht der zuweisenden niedergelassenen Ärzte und kann die Veranstaltungsinhalte darauf abstellen.

- Die Rücklaufquote der Befragung wird – gegenüber einer isoliert durchgeführten Aktion – deutlich gesteigert.

- Den eingeladenen Ärzten gegenüber wird die Ernsthaftigkeit des Kooperationsansatzes unterstrichen.

- Anlässlich der Veranstaltung können konkrete, über die Befragungsergebnisse ermittelte Optimierungsansätze mit den zuweisenden Ärzten besprochen und eingeleitet werden.

Pressearbeit

Veranstaltungen sind ein guter Anlass für gezielte Pressearbeit. Plant man ein größeres Ereignis (zum Beispiel eine Fachtagung oder einen Tag der offenen Tür), werden die Journalisten, zum Beispiel der regionalen Zeitungen, am besten gleich mit eingeladen. Findet die Veranstaltung in kleinerem Kreis statt, informiert man die zuständigen Medien mit einer Pressenotiz.

Organisation

Das A und O einer gelungenen Veranstaltung ist die Wahl des geeigneten Raums. Folgende Hinweise helfen Ihnen, einen „veranstaltungsgerechten" Raum zu gestalten:

- Der Veranstaltungsraum sollte der Teilnehmerzahl entsprechend groß sein, ohne Winkel und Säulen und möglichst hell. Fenster, die den Raum mit ausreichend Tageslicht versorgen, bewirken zudem eine freundliche Atmosphäre.

- Die Stühle sollten schmal und leicht zu bewegen sein. Es ist von Vorteil, wenn sich ein beweglicher Garderobenständer im Raum befindet. Neben den Tischen für ein gegebenenfalls geplantes Erfrischungsbuffet ist an einen Papierkorb zu denken.

- Der Raum sollte möglichst entfernt von Lärmquellen sein (Küche, Eingänge, auch: belebte Straße etc.).

- Als Erfrischungen reichen Kaffee und Tee, in Thermoskannen gefüllt, aus, ergänzt durch Kaltgetränke wie Mineralwasser und Orangensaft. Sie sollten grundsätzlich im Tagungsraum selbst stehen. So hat jeder die Möglichkeit, sich auch während der Veranstaltung zu bedienen.

■ Oft kommen teilnehmende Ärzte direkt aus ihren Praxen zur Veranstaltung, ohne vorher gegessen zu haben. Deshalb empfiehlt es sich, kurz vor dem offiziellen Veranstaltungsbeginn eine Stärkung bereitzustellen, die möglichst im Stehen gegessen werden kann.

■ Hinzu kommen Tassen und Gläser in ausreichender Anzahl (mindestens jeweils doppelt so viele wie die erwartete Personenzahl).

Folgende Punkte müssen zusätzlich bedacht werden:

▶ Schildern Sie den Veranstaltungsraum deutlich aus, und informieren Sie die Personen an zentralen Anlaufstellen (Empfang, Auskunft) über die Veranstaltung.

▶ Denken Sie an „Nachzügler". Um diese möglichst störungsfrei in den Ablauf der Veranstaltung zu integrieren, sollte jemand vor dem Veranstaltungsraum bereitstehen, die Ärzte empfangen und ihnen bei der Suche nach einem Platz behilflich sein.

▶ Legen Sie für die Projektionsgeräte Ersatzbirnen bereit. Nichts sprengt den Rahmen einer Veranstaltung mehr als die plötzlich einsetzende Suche nach Ersatzteilen (die dann aufgrund der Hektik auch nicht gefunden werden).

▶ Legen Sie am Eingang eine Teilnehmerliste (bei Veranstaltungen mit Zuweisern, die man nicht oder nicht gut kennt) aus, und bitten Sie die Ärzte, sich dort – leserlich! – einzutragen, damit ihnen später die Unterlagen zugeschickt werden können.

Was sagen wir unseren Zuweisern? Wie stellen wir uns am besten dar? Ein kurzes, klinikinternes Brainstorming zu diesen Themen liefert in der Regel eine Fülle von Vorschlägen, die in Bezug auf die mit der Veranstaltung angestrebten Ziele anschließend mit Prioritäten zu versehen sind. Ist dies geschehen, müssen Sie sich Gedanken über die Aufbereitung der Inhalte und die hierfür benötigte Zeit machen. Berücksichtigen Sie hierbei folgende Grundsätze:

■ Die Art der Veranstaltungsdurchführung bestimmt ganz wesentlich das Bild, das die Teilnehmer über Ihre Klinik erhalten. Werden sie mit einer Folge von Frontalvorträgen ohne Rückfrage- und Diskussionsmöglichkeit konfrontiert, wird dies negativ in Bezug auf die Ausgestaltung der Zusammenarbeit wahrgenommen. Haben die Teilnehmer die Möglichkeit der Kommunikation – und dies ist sicherlich eines der Hauptziele –, wirkt sich dies positiv auf die Atmosphäre der Zusammenarbeit aus, da Dialogbereitschaft signalisiert wird. Planen Sie deshalb nach jedem – möglichst kurzen – Vortrag und jeder – möglichst interessanten – Präsentation eine Diskussion mit den Veranstaltungsteilnehmern ein, und stimulieren Sie diese zu Beginn eines Vortrages. So kann man nicht nur systematisch die unmittelbar vortragsbezogenen Fragen klären, sondern gleichzeitig die Teilnehmer immer wieder aktivieren.

■ Versuchen Sie, einen Veranstaltungsort und eine Präsentationstechnik zu finden, bei der der Raum möglichst nicht vollständig abgedunkelt werden muss, um die bekannten „Einschlafeffekte" zu vermeiden.

▪ Überfrachten Sie Ihre Präsentationsunterlagen nicht mit Informationen, sondern fixieren Sie stichwortartig nur die zentralen Aussagen, die in freien Erläuterungen näher erklärt werden.

▪ Verwenden Sie in allen Präsentationsunterlagen einen einheitlichen visuellen Auftritt (Corporate Identity), zum Beispiel das Logo Ihrer Klinik sowie eine durchgängige Farb- und Typografiegestaltung.

Für den Ablauf der Veranstaltung gilt:

▸ Stoppen Sie „Vielredner", indem Sie deren Wortbeitrag den übrigen Teilnehmern zur Diskussion stellen. Auf diese Weise ergibt sich automatisch eine Reglementierung durch die Gruppe.

▸ Halten Sie ein Flipchart oder Visualisierungswände bereit, um Diskussionsergebnisse zu protokollieren.

▸ Lassen Sie die Teilnehmer häufig zu Wort kommen, aber behalten Sie den „roten Faden" in der Hand. Grundsätzlich gilt: Eine gute Diskussion ersetzt mehrere Vorträge.

▸ Regeln Sie gleich zu Beginn der Veranstaltung, ob im Veranstaltungsraum geraucht werden darf. Ist dies nicht der Fall, sollten Raucherpausen eingeplant werden.

▸ Achten Sie auf den Zeitrahmen. Sollte aufgrund intensiver Diskussionen für das eine oder andere Thema nicht mehr genügend Zeit zur Verfügung stehen, klären Sie über eine Rückfrage an die Teilnehmer, ob die Veranstaltung verlängert werden soll oder ob man die Behandlung eines Themas auf ein zweites Treffen verschieben soll.

Zu einer professionellen Veranstaltung gehört natürlich auch eine Nachbearbeitung, meist in schriftlicher Form. Je nach Veranstaltungstyp kann sie aus der Übersendung von Kopien der vorgestellten Folien oder Dias (bei einer Informationsveranstaltung) oder eines Protokolls der Ergebnisse (bei einem Arbeitskreis), ergänzt durch ein persönliches Schreiben von Ihnen, bestehen.

Tabelle 12 stellt in Form eines Ablaufplans alle zeitlichen Parameter dar, die Sie bei der Planung von Veranstaltungen berücksichtigen müssen.

Zeitachse	Aktion	Details
16 Wochen vorher	Festlegung von Zielen	Ziele, zum Beispiel
		Sicherung, Aufbau, Ausbau der Zuweisungsintensität
		Imageaufbau, -ausbau
		Kontaktanbahnung, -intensivierung
		Kooperationsförderung
		Information etc.
	Zielgruppen	Inhalte für tatsächliche und potenzielle Zuweiser
	Veranstaltungstyp	Informationsveranstaltung
		Kooperationsveranstaltung
		Arbeitskreis
		Tag der offenen Tür
		Stammtisch
		Fachtagung, Kongress, Symposium
		Fortbildungsveranstaltung
	Budget	Kosten für Raum, Geräte etc.
		Nebenkosten (Porto, Druck etc.)
		Honorare, Reisekosten
		Arbeitszeit
	Termin	Ferienzeit, Sportereignisse, Fachtagungen etc. beachten

Zeitachse	Aktion	Details
13 Wochen vorher	Entwurf Einladungsschreiben Programm Zusatzaktionen Informationsmaterial (Anreiseskizze oder Ähnliches) Bereitstellung Adressen	Zusatzaktionen Einweiserbefragung Pressearbeit
Elf Wochen vorher	Druckauftrag Programm, gegebenenfalls Fragebogen	
Neun Wochen vorher	Schreiben der Einladungsbriefe, gegebenenfalls auch an die Presse und externe Referenten	
Acht Wochen vorher	Versand der Einladungen, gegebenenfalls Versand Presse-information	
Eine Woche vorher	Gegebenenfalls Erinnerungs-telefonate Presse, Referenten, wichtige Teilnehmer	
Tag der Veranstaltung	Veranstaltungsdurchführung	Raumkontrolle Ausschilderung Information Pforte
Ein Tag später	Gegebenenfalls Versand Presse-nachricht	
Eine Woche später	Versand Nachbearbeitungs-unterlagen	Nachbearbeitungsunterlagen, zum Beispiel: Folienkopien Protokoll

Tabelle 12: Ablaufplan Zuweiserveranstaltung

■ Veranstaltungen spielen eine besondere Rolle, wenn es darum geht, Klinik-Praxis-Kooperationen aufzubauen. Hat sich das Krankenhaus entschlossen, die Kooperation mit niedergelassenen Ärzten als Marketinginstrument einzusetzen, empfiehlt sich der Einsatz von Veranstaltungen innerhalb eines fünfstufigen Systems:

Stufe 1: Die Zielgruppenbestimmung

Zur Bestimmung der Zielgruppe können die in der Analysephase gewonnenen Daten zu tatsächlichen und potentiellen Einweisern herangezogen werden.

Stufe 2: Die Krankenhaus-Informationsveranstaltung

Zielsetzung dieser Informationsveranstaltung ist,

– die Aufmerksamkeit der ausgewählten Zielpersonen auf sich zu lenken,
– sein Leistungsangebot darzustellen und
– einen Anknüpfungspunkt für weiterführende Maßnahmen (siehe Stufe 3) zu generieren.

Als Aufhänger für die Veranstaltung, die in einem größeren Rahmen angelegt werden kann, sollte die Fortbildung zu einem bestimmten medizinischen Thema fungieren, das in das Kern-Leistungsangebot des Krankenhauses fällt. Über diesen Weg ist es möglich, anhand von konkreten, patientenbezogenen Beispielen zur Diagnostik und Therapie gezielt darzustellen,

– über welche medizinischen Möglichkeiten das Haus verfügt,
– was unter medizinischer Angebots- und Versorgungsqualität verstanden wird,
– wie die aufbau- und ablauforganisatorischen Regelungen gestaltet sind und
– welche Möglichkeiten einer Zusammenarbeit mit niedergelassenen Ärzten gesehen wird.

So erhalten die Teilnehmer einen umfassenden Einblick in die Arbeit des Krankenhauses und können sich gleichzeitig für ihre Patienten informieren.

Stufe 3: Der Screening-Nachkontakt

Um aus dem großen Teilnehmerkreis der Veranstaltung diejenigen Ärzte herauszufiltern, die an einer engeren Kooperation interessiert sind, findet innerhalb der ersten Woche nach Durchführung der Veranstaltung ein telefonischer Nachkontakt statt. Die Teilnehmer werden dabei nach ihren Eindrücken befragt. Wer auf bestimmte Schlüsselfragen positiv reagiert, wird zu einem Folgeprojekt eingeladen, dem Konsil.

Stufe 4: Das Konsil

Für das Konsil wird jeweils ein Kreis von maximal fünf bis acht niedergelassenen Ärzten aus dem Pool der im Screening-Nachkontakt identifizierten Ärzten zu einer Individual-Fortbildung ins Krankenhaus eingeladen, bei der durch die Diskussion ausgewählter, am besten von den Teilnehmern eingebrachter, Patientenfälle nicht nur das Wissen weiter vertieft und Erfahrungen ausgetauscht werden, sondern auch die Bindung weiter gefestigt wird.

Stufe 5: Festigung der Kooperation

Die Perspektiven und Angebote, die das Krankenhauses den niedergelassenen Ärzten aufzeigt und unterbreitet, müssen in der Folgezeit an den eingewiesenen Patienten eingelöst werden. Je reibungsloser und organisierter der Patient seine Behandlung empfindet, umso positiver wird seine Rückmeldung an den einweisenden niedergelassenen Arzt.

6.2.4   Die Einweiser-Kontaktzentrale

Nichts fördert die Zuweiserbeziehung so sehr wie der persönliche Kontakt. Doch der Klinikalltag bietet nicht immer die Möglichkeit, sich ungestört und konzentriert mit dem Anliegen der zuweisenden Kollegen zu beschäftigen. Für diese kommt in Bezug auf die Kontaktaufnahme mit einer Klinik erschwerend hinzu, dass sie unter Umständen mit mehreren Abteilungen und Ansprechpartnern zu tun haben, sodass sich das Problem der Kontaktaufnahme noch erweitert.

Eine Möglichkeit der Abhilfe bietet die Einrichtung einer Kontaktzentrale für zuweisende niedergelassene Ärzte. Hierfür wird eine zentrale Telefonnummer eingerichtet, an die sich Zuweiser mit ihren Informations- und Kontaktwünschen wenden. Je nach Kontaktintensität des Hauses mit den Zuweisern ist der Arbeitsplatz mit einem oder mehreren Mitarbeitern besetzt, die dann die Anforderungen der Zuweiser hausintern weiterleiten und koordinieren. Parallel werden Standards festgelegt, wie in den einzelnen Abteilungen mit den Anforderungen verfahren wird. Die Kontaktzentrale trägt nicht nur dazu bei, die Arbeitsproduktivität zu erhöhen, sondern ermöglicht auch, die Zuweiserbeziehungen transparent zu machen und zu steuern. Aus diesem Grund kann die Kontaktzentrale auch jederzeit zu einer Einweisermarketingabteilung ausgebaut oder zumindest mit einem Einweisermanager besetzt werden.

6.2.5   Beschwerdemanagement

Erfahrungsgemäß beschwert sich nur ein sehr kleiner Teil der unzufriedenen Zuweiser. In vielen Krankenhäusern ist die Beschwerde ein negativ belastetes Thema, das nahtlos in eine Suche nach dem Schuldigen übergeht. Aus Marketingsicht steht jedoch bei berechtigten Beschwerden eine Klärung im Sinne des Zuweisers im Vordergrund, um seine Zufriedenheit wiederherzustellen. Aus dem Marketingblickwinkel ist eine berechtigte Beschwerde nichts anderes als der hilfreiche Hinweis auf einen Servicefehler, der korrigiert werden sollte, damit er nicht wieder eintritt. Eine Beschwerde zeigt somit durchaus Optimierungsmöglichkeiten oder -notwendigkeiten auf.

Grundlegende Voraussetzung dieser Sichtweise ist natürlich, dass Beschwerden in ihrer Emotionalisierungswirkung entschärft werden. Ziehen alle Klinikmitarbeiter an einem Strang, scheiden böser Wille oder grobe Fahrlässigkeit als Beschwerdegründe bereits aus. Dies ist der Ausgangspunkt dafür, dass das Erkennen und Beseitigen von Beschwerdeanlässen ein für die Klinik- und Einweiserarbeit förderlicher Prozess sein kann. In vielen Branchen (Hotels, Gaststätten, Fluglinien, Autovermietungen) werden Beschwerden sogar explizit stimuliert. Sicherlich kennen Sie die Hinweise in Broschüren und Prospekten, im Falle hoffentlich nicht eintretender Beschwerden diese persönlich oder besser noch schriftlich vorzubringen. Auf diese Möglichkeit können Sie auch in Ihrer Zuweiserbroschüre hinweisen. Zudem tragen regelmäßig durchgeführte Einweiserzufriedenheitsbefragungen dazu bei, Defizite bereits in der Entstehungsphase zu identifizieren.

Hier sind die wichtigsten Tipps für einen „entschärfenden" Umgang mit Beschwerden:

▶ Nehmen Sie die Beschwerden von zuweisenden Ärzten zunächst entgegen, ohne diese zu unterbrechen. Zielsetzung ist, dass der Gesprächspartner seinen Ärger loswird, denn erst dann kann er sich auf Ihre Argumentation einstellen.

▶ Unterstützen Sie die Beschwerdeschilderung mit Kommentaren wie „Ja, ich verstehe", „Das ist wirklich ärgerlich", „Dadurch haben Sie ja wirklich eine Menge Ärger gehabt", „Das tut mir leid".

▶ Werten Sie den geschilderten Vorgang nicht.

▶ Entschuldigen Sie sich nicht voreilig.

▶ Verhalten Sie sich in der Schilderungsphase möglichst ruhig, damit Ihr Gesprächspartner seine Aufregung langsam ablegt.

▶ Lassen Sie es nie zu einer Eskalation oder zu einem Streit kommen.

▶ Versuchen Sie, sich möglichst frei von Vorurteilen gegenüber dem beschwerdeführenden Arzt zu machen („Schon wieder Dr. K.!").

▶ Versuchen Sie – falls notwendig – im Anschluss an die Beschwerdeschilderung den Beschwerdegrund näher einzugrenzen.

▶ Liegt die Ursache beim Zuweiser, erklären Sie ihm freundlich aber direkt, warum es zum Problem kam.

▶ Liegt der Fehler bei Ihnen, entschuldigen Sie sich.

▶ Liegt der Fehler bei Ihrer Klinik, ist aber die Ursache nicht genau einzugrenzen, bieten Sie dem Zuweiser eine Klärung des Sachverhalts an. Machen Sie eine genaue Angabe, bis wann und auf welchem Weg der zuweisende Arzt mit einer Information hierzu rechnen kann.

Drücken Sie zum Abschluss des Gesprächs nochmals Ihr Bedauern aus, und bieten Sie eine konkrete Lösung an („*Das ist uns einfach durchgegangen. Ich sehe gleich einmal nach, was ich organisatorisch ändern kann, um Ihnen schnell eine Alternative für diese bedauerliche Panne anzubieten. Wie wäre es mit dem ...?*").

Informieren Sie bei nächster Gelegenheit Ihre Kollegen und Mitarbeiter über die Beschwerde, damit bei Folgekontakten des Zuweisers mit Ihrem Haus alle den gleichen Informationsstand haben.

6.3   Weitere Marketinginstrumente

Neben den genannten Instrumenten können Sie für Ihr Einweisermarketing folgende weitere Hilfsmittel verwenden.

6.3.1   Unpersönliche Instrumente

Nicht personifizierte Instrumente sind beispielsweise:

■ Anamnesebogen für die Zuweiser, der ihnen eine Struktur bietet und die für ihre Behandlungsentscheidung wichtigsten Informationen zusammenstellt.

■ Vorstellungsbrief Ihrer Klinik oder Abteilung für neue Zuweiser.

■ Gemeinsam erstellte, allgemeine Patienteninformationen zu bestimmten Indikationen, damit Sie und Ihre Zuweiser in Bezug auf die Patienten die gleiche Sprache sprechen.

■ Klinikkalender mit Veranstaltungsterminen.

■ CD- oder Videopräsentation der Klinik.

■ Formulare für Terminanfragen.

  – Viele Detailinformationen zu organisatorischen Fragen oder Ablaufroutinen, die für die Kooperation zwischen Klinik und Praxis wichtig sind, können in den oben beschriebenen Medien nicht untergebracht werden, weil sie entweder aus dem Zusammenhang fallen oder zu umfangreich sind. Hierzu gehören zum Beispiel Hinweise zur OP-Vorbereitung, Muster zu Voruntersuchungen in der Praxis oder auch Aufklärungsmaterialien für Patienten. Sie können aber als Organisationshilfen in verschiedener Form aufbereitet werden, zum Beispiel als

  – Checklisten

  – Ablaufpläne

  – Merk- und Informationsblätter

  – Listen etc.

Zielsetzung dieser Hilfen ist es,

– die Zusammenarbeit zwischen Klinik und Praxis effizienter zu gestalten: sie zu erleichtern, zu beschleunigen, also zu rationalisieren,
– Vorgehensweisen zu etablieren, von denen beide Seiten – Klinik und Praxis – profitieren und hierüber eine Bindung der Partner zu erzeugen.

Beispiele hierfür sind Zwischeninformationen über wichtige Ablaufstationen oder Untersuchungen des Patienten. Das Krankenhaus schickt oder faxt dem niedergelassenen Arzt eine Kurzinformation (Vordruck) mit den wesentlichen Angaben zu seinem Patienten. So ist dieser immer aktuell informiert:

Aufnahme eines Patienten

– Um welchen Patienten handelt es sich?
– Wo liegt der Patient (Stationsbezeichnung, Zimmer-Nr., telefonische Durchwahl)?
– Wer ist der zuständige Arzt (Name, Titel, Funktion, Fachrichtung, telefonische Durchwahl)
– Welche Untersuchungen sind zunächst vorgesehen?

Untersuchung/Eingriff

– Um welchen Patienten handelt es sich?
– Welcher Maßnahme wurde der Patient unterzogen?
– Mit welchem Ergebnis?
– Wie sieht die weitere Behandlungsart und -dauer aus?

Wesentliche Akzeptanzvoraussetzung für den effizient wirkenden Einsatz der Organisationshilfen ist, dass diese in Zusammenarbeit mit niedergelassenen Kollegen entwickelt werden. Dieses „Praxis-Gütesiegel" hilft nicht nur, eine genaue Anpassung an die Gegebenheiten der Praxis zu erhalten, sondern trägt auch bei den Empfängern dazu bei, die Akzeptanz der Hilfen wesentlich zu erhöhen. Zunächst müssen sich die Mitarbeiter im Krankenhaus über folgende Punkte klar werden:

– Wo liegen die Schnittstellen zwischen Klinik und Praxis?
– Welche Organisationsnotwendigkeiten ergeben sich?
– Mithilfe welcher Regelungen/Instrumente könnte eine Optimierung erzielt werden?

Diese Antworten werden dann entsprechend schriftlich aufbereitet und den niedergelassenen Kollegen zur Verfügung gestellt. Dieses Organisationshilfekonzept kann dann darüber hinaus für weitere Kommunikationsmaßnahmen eingesetzt werden. Beispielsweise besteht die Möglichkeit, in Veranstaltungen mit Zuweisern das Organisationshilfen-Konzept vorzustellen oder in der Lokalpresse über das Konzept zu berichten.

6.3.2   Persönliche Instrumente

Personifizierte Instrumente sind beispielsweise:

- Geburtstaggrüße für niedergelassene Zuweiser,

- Hospitationen,

- Stammtische,

- erweiterte Erreichbarkeit der Chefarztsekretariate (zum Beispiel bis 18:00 Uhr),

- Neujahrsempfang, Jubiläen,

- Weihnachtsfeier,

- Qualitätszirkel,

- gemeinsame Patientenveranstaltungen.

7.   Einweisermarketingkontrolle

7.1   Abweichungsanalyse

Bei der Bestimmung Ihrer Marketingziele und im Zuge der Marketing-Mix-Entscheidungen haben Sie Soll-Größen in Form von Zielen, Umsetzungs- und Kontrollterminen sowie Verantwortlichkeiten benannt. Bei regelmäßigen Überprüfungen geht es nun darum,

▪ einen Soll-Ist-Vergleich durchzuführen (siehe Abbildung 6) und

▪ mögliche Abweichungsursachen zu identifizieren.

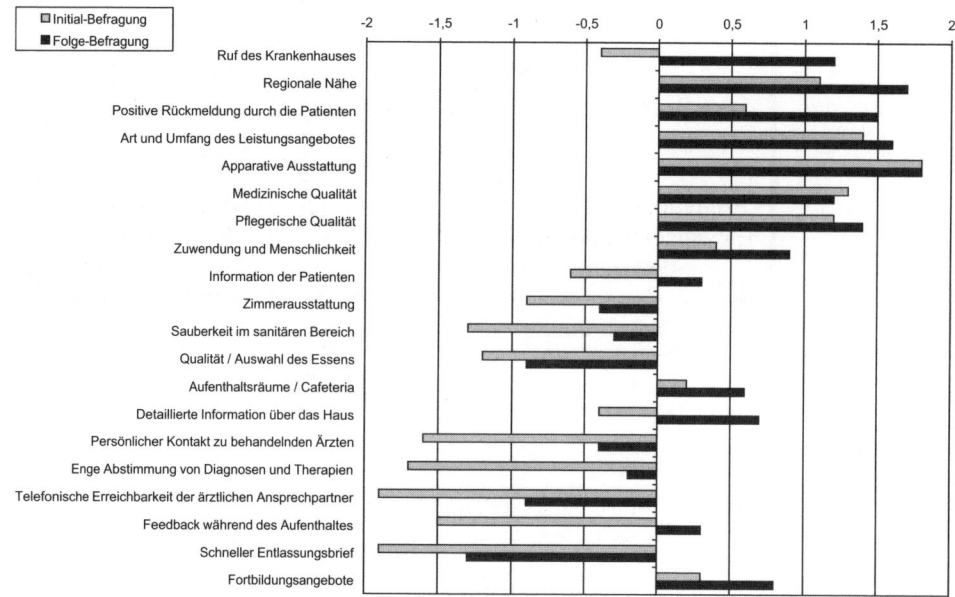

Abbildung 6: Abweichungsanalyse

Verfügen Sie über Benchmarking-Daten, zum Beispiel aus dem IFABS-Zuweiser-Panel, können Sie die Entwicklung Ihrer Einweiserarbeit unter dem Blickwinkel Ihrer Einweiserstrategie kontrollieren (siehe Abbildung 7). Die Werte in den Kreisen weisen für eine Beispiel-Abteilung den Leistungsumfang des Einweisermanagements in Prozent des Best-Practice-Standards (schwarze Balken) und des Abteilungsbenchmarkings (graue Balken) aus. Der Wert von 37 Prozent im Best-Practice-Vergleich besagt, dass die Abteilung 37 Prozent des Einweisermanagements überdurchschnittlich erfolgreicher Klinikabteilungen umsetzt, die Angabe 89 Prozent zeigt, dass 89 Prozent der Maßnahmen für die Gewinnung und Bindung von zuweisenden Ärzten eingesetzt werden, die fachgruppengleiche Abteilungen anwenden. Zwischen der Initial- und der Folgeuntersuchung hat sich durch den Einsatz neuer Instrumente bereits eine Verbesserung der Position ergeben, allerdings reicht diese nicht für das Ziel, die Umsetzung einer Einweiserwachstumsstrategie zu realisieren.

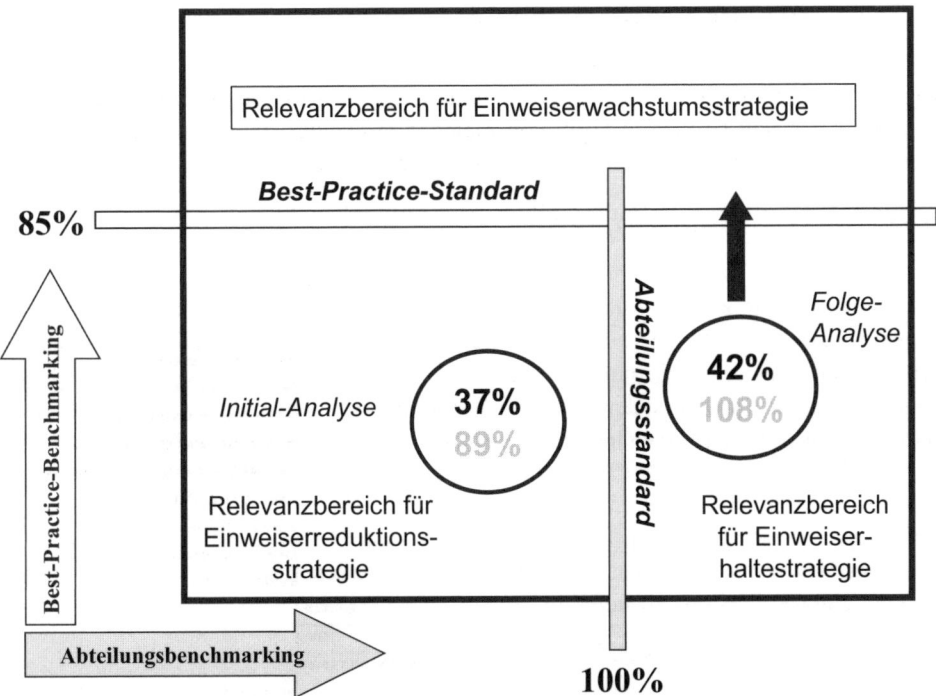

Abbildung 7: Strategie-Portfolio

Bei der Zielanalyse können Sie zu verschiedenen Erkenntnissen kommen:

▪ Die Ziele sind erreicht:

In dieser Situation stellt sich die Frage, wie die Marketingarbeit fortgesetzt wird:

   – Sollen die festgelegten Ziele fortgeschrieben werden?
   – Ist unter Umständen auch noch eine Steigerung möglich?
   – Wie wirken sich Fortschreibung oder Erhöhung auf die generellen Klinikziele aus?
   – Wie passen Fortschreibung oder Erhöhung in Ihre mittel- bis langfristige Krankenhausstrategie?

– *Die Ziele wurden nicht erreicht*:

Im Mittelpunkt der Kontrollbetrachtungen dieser Situation steht die Ursachenanalyse, unter anderem repräsentiert durch die Fragen:

– Welche personenbezogenen Gründe gibt es?
– Welche organisationsbezogenen Gründe liegen vor?
– Welche umsetzungstechnischen Hinderungsgründe sind verantwortlich?
– War genügend Zeit für die Umsetzung?

Einweisermarketing ist von seinem Wesen her dynamisch, da es sich den Kundenbedürfnissen anpassen muss. Insofern müssen auch Ihre Ziele regelmäßig geprüft werden.

7.2   Vorschlagswesen

Eine andere Form der Kontrolle ist die Analyse von innen mithilfe eines Vorschlagswesens. Hierunter versteht man ein System, das Ihre Mitarbeiter dazu motiviert, die Klinikarbeit – und in diesem Zusammenhang auch die Kooperation mit zuweisenden niedergelassenen Ärzten – auf Veränderungs- und Verbesserungsmöglichkeiten zu durchleuchten und so die Einweiserzufriedenheit zu steigern. Aus der Führungsperspektive fördert es zudem die Identifikation der Mitarbeiter mit „ihrer" Klinik, denn: Wer Arbeitsprozesse beeinflussen und mitgestalten kann, ist – so konnte in vielen Untersuchungen belegt werden – zufriedener und motivierter. Erhalten Mitarbeiter das Gefühl, ernst genommen zu werden, führt das Vorschlagswesen zu einer Selbstkontrolle des Arbeitsrahmens, um die Qualität der eigenen Leistung zu steigern.

Das Vorschlagswesen lässt sich in vier Ausprägungen realisieren:

Unstrukturierte Vorschläge

Diese Form kann im engeren Sinn nicht als System bezeichnet werden. Hierbei führen der Zufall oder das Engagement einer oder mehrerer Mitarbeiter zu einem mehr oder weniger konkreten Vorschlag („... könnten wir nicht einmal versuchen ...?"). Diese Form trägt wenig zur Weiterentwicklung der Einweiserarbeit bei, da sowohl die Generierung der Idee als auch seine Prüfung willkürlich und beliebig sind.

Strukturierte Vorschlagserhebung

Hierbei werden die Vorschläge mithilfe eines Rasters erhoben, das aus folgenden Positionen besteht:

■ Name des Mitarbeiters, der den Vorschlag unterbreitet.

■ Datum.

■ Was soll verbessert werden? (Beschreibung des gegenwärtigen Zustandes).

- Was soll getan werden, um den gegenwärtigen Zustand zu verbessern?

- Welche Ziele werden mit dieser Verbesserung bewirkt (erhöhte Einweiserzufriedenheit, Zeitersparnis, Kostenersparnis, Verbesserung der Organisation, Verbesserung der Kommunikation, Erhöhung der Produktivität, Sonstiges)?

Es dient dazu, das Optimierungspotenzial eines Vorschlags detailliert zu erfassen. Dabei wird verhindert, dass „unausgegorene" Vorschläge überhaupt zur Vorlage kommen. Doch außer in der Form unterscheidet sich dieses Prinzip in seiner motivatorischen Wirkung nur graduell von der unstrukturierten Erhebung.

Anreizbasiertes strukturiertes Vorschlagswesen

Sobald Verbesserungsvorschläge mit einer Honorierung bei Annahme verbunden werden, gewinnt das System an Schwung. Die Honorierung sollten Sie – soweit möglich – nicht ausschließlich monetär definieren, um „Ausuferungstendenzen" gleich von Beginn an zu unterbinden. Besser ist eine Abstufung in Abhängigkeit vom Verbesserungspotenzial, beginnend mit Freizeitgewährung über Sachprämien, Einkaufsgutscheine und Fortbildungen bis hin zur Geldzahlung. Achten Sie bei der Entwicklung des Systems vor allem darauf, dass alle Mitarbeiter die gleiche Chance haben, einen Verbesserungsvorschlag zu machen, und dass das Belohnungssystem für alle verständlich und transparent ist.

Ideenmanagement

In der Wirkung noch intensiver – sowohl bezüglich der Motivations- als auch der Klinikentwicklungswirkung – ist das Ideenmanagement. Der Begriff bezeichnet eine Arbeitshaltung, bei der die Suche nach Verbesserungen quasi zum Tagesgeschäft gehört. Ihr Team überprüft kontinuierlich die Strukturen und Prozesse des Einweisermanagements und verändert verbesserungswürdige Gegebenheiten sofort während der Arbeit. Die Mitarbeiter motivieren hierbei keine Prämien, sondern ihr eigener Wille, die Einweiserarbeit zu optimieren, also die Freude an der Verbesserung. Das erfordert nicht nur Mitarbeiter, die hierfür empfänglich sind und vor allem über ein hohes Maß an Eigenverantwortlichkeit verfügen, sondern auch ein Arbeitsklima, in dem das überhaupt möglich ist. Zudem werden hohe Anforderungen an das Führungskönnen gestellt. Ideenmanagement ist ein Prinzip, das mit der Entwicklung einer Klinik wächst und nicht von heute auf morgen eingeführt werden kann.

Stichwortverzeichnis